BEI GRIN MACHT S WISSEN BEZAHLT

- Wir veröffentlichen Ihre Hausarbeit,
  Bachelor- und Masterarbeit

- Ihr eigenes eBook und Buch -
  weltweit in allen wichtigen Shops

- Verdienen Sie an jedem Verkauf

Jetzt bei www.GRIN.com hochladen und kostenlos publizieren

Bibliografische Information der Deutschen Nationalbibliothek:

Die Deutsche Bibliothek verzeichnet diese Publikation in der Deutschen National-
bibliografie; detaillierte bibliografische Daten sind im Internet über http://dnb.d-
nb.de/ abrufbar.

Impressum:

Copyright © 2014 GRIN Verlag, Open Publishing GmbH
Druck und Bindung: Books on Demand GmbH, Norderstedt Germany
ISBN: 978-3-668-00551-8

Stefanie Gmerek

Wirksamkeitsvergleich der Bioenergetischen Meditation nach Viktor Philippi und des Stressmanagement-Programmes der IFT-Gesundheitsförderung

GRIN Verlag

GRIN - Your knowledge has value

Der GRIN Verlag publiziert seit 1998 wissenschaftliche Arbeiten von Studenten, Hochschullehrern und anderen Akademikern als eBook und gedrucktes Buch. Die Verlagswebsite www.grin.com ist die ideale Plattform zur Veröffentlichung von Hausarbeiten, Abschlussarbeiten, wissenschaftlichen Aufsätzen, Dissertationen und Fachbüchern.

Besuchen Sie uns im Internet:

http://www.grin.com/

http://www.facebook.com/grincom

http://www.twitter.com/grin_com

Pilotstudie: Wirksamkeitsvergleich der Bioenergetischen Meditation nach Viktor Philippi und des Stressmanagement-Programmes der IFT-Gesundheitsförderung

Masterarbeit zur Erlangung des akademischen Grades Master of Science an
der H:G Hochschule für Gesundheit & Sport, Technik & Kunst
im Fachbereich Gesundheit

Studentin: Stefanie Gmerek

Studiengang: Psychologie & Mentale Gesundheit
Semester: 5

Abgabe am: 02.06.2014

Danksagung

An dieser Stelle möchte ich die Gelegenheit nutzen, allen ganz herzlich zu danken, die mich bei der Entstehung dieser Masterthesis unterstützt haben.

Ich bedanke mich bei Viktor Philippi, der mein Interesse für die Erforschung der Biomeditation geweckt hat sowie bei Prof. Dr. Petra Schepler und Dipl.-Psych. Karin Hoff, die mir die Betreuung dieses Themas zusicherten. Für Literaturhinweise und die freundliche Genehmigung einiger Materialien danke ich Dr. Christoph Kröger, Dipl.-Psych. Herbert Müller, Dipl.-Psych. Wiebke Lehnert sowie der Forschungs- und Lehrakademie für Bioenergetik und Bioinformatik (Taubenheim/Spree). Ein besonderer Dank geht an meine Eltern und Großeltern, die mich bei der Finanzierung der Pilotstudie unterstützten sowie an Sebastian Ruhs, der sich zum Korrekturlesen bereiterklärte. Alexander Schurig und Alexander Kaltenbach danke ich für die kreativen Stammtischsitzungen, Tobias Gmerek und Norman Schurig für die motivierenden Einlagen und Christiane Baltz für die ausgleichenden Entspannungsphasen. Besonders bedanken möchte ich mich auch bei allen Probanden, ohne deren Unterstützung und Vertrauen diese Arbeit nicht zustande gekommen wäre.

Inhalt

Zusammenfassung

Im Fokus der vorliegenden Masterthesis steht die Darstellung der Bioenergetischen Meditation (Biomeditation) nach Viktor Philippi sowie deren gesundheitliche Wirksamkeit im Vergleich zum Stressmanagement-Programm der IFT-Gesundheitsförderung. Die Begriffe Meditation und Stress sowie grundlegende Wirkungen von Meditation werden erläutert. Im Zusammenhang mit der Biomeditation wird auf das Gesunde Denken und dessen Parallelen zur Psychologie eingegangen. Auch werden bisher vorhandene Studienergebnisse zur Biomeditation sowie wesentliche Inhalte des IFT-Stressmanagement-Programmes vorgestellt. Nach der ausführlichen Darstellung der Interventionen werden Methoden und Ergebnisse der vorliegenden Untersuchung dargestellt. Es handelt sich um eine nicht-randomisierte, kontrollierte, vierarmige Pilotstudie (N=92) mit drei Messzeitpunkten. Sie wurde ambulant von März 2013 bis Dezember 2013 in 04924 Bad Liebenwerda und 04157 Leipzig durchgeführt. Verglichen wurden eine Stressmanagement-Gruppe, zwei Biomeditationsgruppen (mit und ohne Massage) sowie eine Wartekontrollgruppe. Die Datenerhebung erfolgte mit selbstkonzipiertem Fragebogen (Ordinalskalenniveau) vor der Intervention, direkt im Anschluss sowie postalisch drei Monate später. Es ließen sich signifikante Vorteile für alle Interventionsgruppen gegenüber der Kontrollgruppe nachweisen, v. a. in den Bereichen Vitalität, stressassoziierte Beschwerden und stressbezogenes Verhalten. Auch zeigten sich (sowohl zum 2. als auch zum 3. Messzeitpunkt) Verbesserungen hinsichtlich des subjektiv eingeschätzten Gesundheitszustandes und der allg. Lebenszufriedenheit. Trotz methodischer Einschränkungen weisen diese Ergebnisse darauf hin, dass die Bioenergetische Meditation nach Viktor Philippi eine wirksame Alternative zum Stressmanagement-Programm der IFT-Gesundheitsförderung darstellt. Diese Untersuchung kann die Grundlage für höherwertige (RCT-)Studien mit größerer Fallzahl bilden.

Abkürzungsverzeichnis

ACT	Acceptance and Commitment Therapy
AV	Abhängige Variable(n)
BAI	Beck-Angstinventar
BDI	Beck-Depressionsinventar
DBT	Dialektisch-Behaviorale Therapie
DSM	Diagnostisches u. statistisches Manual psychischer Störungen
EBB	Europäischer Berufs- u. Fachverband für Biosens e. V.
EPC	Electro Photonic Capture
FLBB	Forschungs- u. Lehrakademie für Bioenergetik u. Bioinformatik
GAS	Goal Attainment Scaling
ICD	Internationale statistische Klassifikation der Krankheiten und verwandter Gesundheitsprobleme
IFT	Institut für Therapieforschung
M	Messzeitpunkt
MBCT	Mindfulness-Based Cognitive Therapy
MBSR	Mindfulness-Based Stress Reduction
NES	Negativer emotionaler Stil
PES	Positiver emotionaler Stil
PMR	Progressive Muskelrelaxation
PPT	Positive Psychotherapie
RCT	Randomisierte, kontrollierte Studie
WBT	Wohlbefindens-Therapie

Tabellenverzeichnis

Abbildungsverzeichnis

„Unser Dasein ist heute bestimmt durch ein permanentes mentales Woanders-Sein. Und das ist anstrengend. Meditation hat einen klaren Nutzen für unsere seelische Gesundheit. Sie verändert die Wahrnehmung, das Denken und das Glücksempfinden."

Dr. med. Eckart von Hirschhausen (o.D.)

1 Einleitung

Circa sechs von zehn Deutschen empfinden ihr Leben als stressig, jeder Fünfte gibt sogar an unter Dauerdruck zu stehen (Techniker Krankenkasse, 2013). Es ist daher nicht verwunderlich, dass Entspannungsverfahren wie Meditation sowohl in der Wissenschaft als auch in der Gesellschaft an Attraktivität gewinnen. So fand 2010 in Berlin der erste interdisziplinäre Kongress zur Meditations- und Bewusstseinsforschung „Meditation & Wissenschaft" statt (Rosmann, 2009). Alle zwei Jahre kommen anerkannte Wissenschaftler zusammen um aktuelle Forschungsergebnisse aus Neurowissenschaften, Psychologie, Medizin, Religionswissenschaft und Philosophie zu diskutieren. Auch populäre Nachrichtenmagazine wie „Der Spiegel" berichten zunehmend über die gesundheitsfördernde Wirkung diverser Meditationspraktiken und verweisen auf zahlreiche wissenschaftliche Studien (Blech, 2013). Obwohl sich die Forschung seit über 50 Jahren mit Meditation als Untersuchungsgegenstand beschäftigt (z. B. Das & Gastaut, 1955), gab es – dank moderner neurowissenschaftlicher Verfahren – erst in den letzten 15 Jahren einen schlagartigen Anstieg von Publikationen. So liefert die medizinische Literaturdatenbank PubMed (National Center for Biotechnology Information [NCBI], n.d.) circa 3000 Suchergebnisse zum Begriff Meditation, davon über 2300 Treffer seit der Jahrtausendwende. Meditationsforschung ermöglicht es, das menschliche Bewusstsein sowie die Verbindung zwischen mentalen und physiologischen Prozessen besser zu verstehen (Lutz & Thompson, 2003). Gleichzeitig knüpfen diese Erkenntnisse an Fragestellungen der Gesundheitsförderung an.

Die vorliegende Masterthesis liefert einen empirischen Beitrag zur Einschätzung der gesundheitlichen Wirksamkeit der bisher unzureichend untersuchten Bioenergetischen Meditation (Biomeditation) nach Viktor Philippi. Dabei handelt es sich um eine Methode zur Tiefenentspannung und Aktivierung der Selbstheilungskräfte im Organismus. Ziel dieser Pilotstudie ist es, zu überprüfen ob die Bioenergetische Meditation eine vergleichbare Wirkung erzielt wie ein evaluiertes, von den gesetzlichen Krankenkassen anerkanntes Präventions-programm. Als solide Vergleichsbasis wurde das Stressmanagement-Programm des Instituts für Therapieforschung (IFT, München) gewählt. Bevor auf Fragestellungen, Studiendesign und Ergebnisse der durchgeführten Studie eingegangen wird, erfolgt zunächst eine Definition des allgemeinen Meditationsbegriffes sowie ein Überblick über grundlegende Wirkungen der Meditationspraxis. Anschließend werden die Bioenergetische Meditation und das damit verbundene Gesunde Denken vorgestellt, Parallelen zur Psychologie aufgezeigt und einige Studienergebnisse dieser Methode präsentiert. Es folgt die Beschreibung des Stressmanagement-Programmes der IFT-Gesundheitsförderung, wobei neben inhaltlichen Schwerpunkten auch der Stressbegriff erläutert wird. Die ausführliche Darstellung der genannten Aspekte ist erforderlich, da eine Bekanntheit der Interventionsformen nicht vorausgesetzt werden kann. Auch bilden die vorangehenden Kapitel die Grundlage zur Aufstellung der im Rahmen der Pilotstudie getesteten Hypothesen. Die Masterthesis schließt mit einer Diskussion der Studienergebnisse und einem Ausblick zum weiteren Forschungsbedarf.

Aus Gründen des Leseflusses wird die traditionelle Schreibform gewählt: Die Worte Meditierender, Proband etc. stehen selbstverständlich für beide Geschlechter. Zitate werden in Originalsprache wiedergegeben, da durch sinngemäße Übersetzungen ein Teil des ursprünglich Gemeinten verloren gehen könnte.

2 Meditation und ihre Wirkung

Zur Biomeditation gibt es bisher nur wenige Studien. Die meisten Publikationen liegen zur Achtsamkeitsmeditation (mindfulness meditation) vor. Daher wird im Folgenden exemplarisch auf Wirkung und Wirksamkeit dieser Meditationsmethode eingegangen. Einige Studienergebnisse zur Biomeditation sind in Kapitel 3.4 dargestellt.

2.1 Der Meditationsbegriff

Meditation wird seit Jahrhunderten in verschiedenen Kulturkreisen zur Bewusstseinserweiterung, Selbsterkenntnis und Heilung praktiziert (Engel, 1999). Hinter dem Begriff verbirgt sich eine Vielzahl unterschiedlicher Methoden, sodass bisher keine allgemeingültige Definition existiert (Ott, 2010). In erster Linie beschreibt Meditation (Schmidt, 1997; lat. meditatio: das Nachdenken, Nachsinnen) eine Praxis der Aufmerksamkeitsfokussierung:

> The term *meditation* refers to a family of self-regulation practices that focus on training attention and awareness in order to bring mental processes under greater voluntary control and thereby foster general mental well-being and development and/or specific capacities such as calm, clarity, and concentration (Walsh & Shapiro, 2006, S. 228 f., Hervorhebung dort).

Meditationspraktiken lassen sich laut Walsh & Shapiro (2006) nach folgenden Aspekten einordnen: Art der Aufmerksamkeitsausrichtung, Beziehung zu kognitiven Prozessen und Ziel der Meditation. So kann unterschieden werden zwischen einer distanziert beobachtenden und einer konzentrativen Meditation. Letztere beschreibt die kontinuierliche, auf ein Objekt gerichtete Aufmerksamkeit, verbunden mit der Nichtbeachtung ablenkender Reize sowie die unmittelbare Rückkehr zum Gegenstand der Konzentration, sobald dem Praktizierenden ein Abschweifen bewusst wird (z. B. Beobachtung des Ein- und Ausatmens). Bei der distanziert beobachtenden Variante (Achtsamkeitsmeditation) werden automatisch ablaufende sensorische, emotionale oder kognitive Prozesse bewusst wahrgenommen, ohne auf diese zu reagieren (z. B. Beobachtung von Gedanken, Gefühlen). Kognitive Prozesse können absichtlich verändert oder passiv beobachtet werden. Meditationsziel kann z. B. eine Steigerung des Wohlbefindens oder die Entwicklung spezifischer mentaler Qualitäten (Konzentration, Liebe, Weisheit) sein. Weiterhin wird unterschieden zwischen Meditationsverfahren in und ohne Bewegung. Verfahren in Bewegung sind u. a. Yoga, Tai Chi, Qi Gong oder Gehmeditation (Ott, 2010). Zu den Methoden ohne Bewegung zählen z. B. die aus der buddhistischen Tradition hervorgegangene Achtsamkeitsmeditation (Vipassana; Hart, 1987; Mahasi Sayadaw, 2004), die Transzendentale Meditation (Maharishi Mahesh Yogi, 2001) oder auch die christliche Kontemplation (Jäger, 2002).

Im klinischen Kontext entstanden weitere, weltanschaulich neutrale Ansätze wie die Oberstufe des Autogenen Trainings nach Schultz (1932), die Klinisch-

Standardisierte Meditation nach Carrington (1978), die Relaxation Response nach Benson (Benson & Klipper, 1992) sowie die weit verbreitete Mindfulness-Based Stress Reduction (MBSR) nach Kabat-Zinn (1990). Letztere zählt neben der Mindfulness-Based Cognitive Therapy (MBCT; Segal, Williams & Teasdale, 2002), der Dialektisch-Behavioralen Therapie (DBT; Linehan, 2007) und der Acceptance and Commitment Therapy (ACT; Hayes, 2004) zu den achtsamkeitsbasierten Ansätzen, die zunehmend in der Psychotherapie zum Einsatz kommen. In diesem Zusammenhang wird auch von einer „dritten Welle" der Verhaltenstherapie gesprochen, die neben klassischen verhaltenstherapeutischen Prinzipien vermehrt Achtsamkeit und Akzeptanz berücksichtigt (Bohus, 2006). Eine Übersicht achtsamkeits- und akzeptanzbasierter Verfahren in der Psychotherapie geben Heidenreich und Michalak (2009a).

Da es sich bei Achtsamkeit um ein wissenschaftlich unzureichend erklärtes Konstrukt handelt, wurde von Bishop et al. (2004) eine operationale Definition erarbeitet, die folgende Komponenten umfasst: Aufmerksamkeitsregulation auf die unmittelbare Erfahrung sowie eine spezifische Haltung gegenüber dieser eigenen Erfahrung, welche durch Neugier, Offenheit und Akzeptanz charakterisiert ist. Kabat-Zinn (1990) definiert Achtsamkeit (mindfulness) als eine besondere Form der Aufmerksamkeitslenkung, wobei die Aufmerksamkeit absichtsvoll („on purpose") und nicht-wertend („non-judgemental") auf das bewusste Erleben des gegenwärtigen Moments („present moment") gerichtet ist. Da sich die Worte für Geist und Herz in asiatischen Sprachen oft entsprechen, beinhalte Achtsamkeit auch eine liebevolle, mitfühlende Komponente der Aufmerksamkeit, ein Gefühl der freundlichen, offenherzigen Gegenwart und des Interesses (Kabat-Zinn, 2009).

Der Begriff Akzeptanz (lat. accipere: annehmen) bedeutet sinngemäß das zu nehmen oder zu bekommen, was angeboten wird (Heidenreich & Michalak, 2009b). Auf psychologischer Ebene ist darunter die Haltung zu verstehen, Ereignisse oder Situationen aktiv und offen aufzunehmen, anstatt diese vermeiden zu wollen. Linehan (2007) weist darauf hin, dass Annehmen nicht einem Gutheißen der Realität entsprechen müsse. Auch gehen Akzeptanz und Annehmen nicht mit Passivität oder Resignation einher (Heidenreich & Michalak, 2007). Stattdessen führe das Annehmen von Dingen, so wie sie sind, zu einer größeren Fähigkeit wirkungsvoll und angemessen zu reagieren. Achtsamkeit und Akzeptanz bilden einen wichtigen Gegenpol zur veränderungsorientierten Verhaltenstherapie: „Es gilt eine Balance zu finden zwischen einem Vorgehen, das auf Veränderung abzielt, und einem Annehmen des aktuell Gegebenen" (Linehan, 2007, S. 6).

2.2 Grundlegende Wirkungen von Meditation

Meditation wirkt über zelluläre Mechanismen auf Gesundheit, Motivation und Stressresistenz (Esch, 2010). Im Motivations- und Belohnungszentrum des limbischen Systems aktiviert sie einen Prozess der Autoregulation bzw. „Selbstheilung". So wird u. a. endogenes Morphium freigesetzt, das zur Ausschüttung von Stickstoffmonoxid führt. Letzteres wirkt entzündungshemmend, senkt den Blutdruck, erweitert die Blutgefäße, reguliert Muskeltonus, Schmerzempfinden und Immunsystem (Dusek et al., 2006; Esch, Guarna, Bianchi, Zhu & Stefano, 2004; Mantione et al., 2008; Stefano et al., 2003). Darüber hinaus führt diese physiologische Entspannungsreaktion zu einem verringerten Hirnstoffwechsel sowie zu einer Zunahme der Hirnaktivität in Arealen, die an Konzentration und Aufmerksamkeit beteiligt sind (Benson, Beary & Carol, 1974; Lazar et al., 2000). Aufgrund der Plastizität des Nervensystems geht wiederholtes Meditieren mit strukturellen Veränderungen im Gehirn einher: Bei längerer Praxis der Achtsamkeitsmeditation (MBSR) ist eine Zunahme der grauen Gehirnsubstanz in Bereichen zu beobachten, die für die Selbst- und Körperwahrnehmung, die Verarbeitung von Sinneseindrücken sowie für die exekutive Kontrolle (u. a. Gedächtnis, Verstand, Vernunft) zuständig sind. Auch scheint Meditation der altersbedingten Degeneration der grauen Substanz entgegenzusteuern (Hölzel, Carmody et al., 2011; Lazar et al., 2005; Luders, Toga, Lepore & Gaser, 2009).

Bereits nach einigen Wochen der Praxis führt Achtsamkeitsmeditation zu einer Verkleinerung des Angstzentrums (Amygdala) im Gehirn (Hölzel et al., 2010). So wiesen Patienten mit Herzkrankheiten, die während der Rehabilitation meditierten, ein geringeres Angstempfinden und eine niedrigere Depressionsrate auf. Ihr Wohlbefinden stand in direktem Zusammenhang mit der Dauer und Häufigkeit der Meditationspraxis (Chang, Casey, Dusek & Benson, 2010). Meditation trägt nicht nur zu einer Verbesserung der Stimmung bei, sondern wirkt sich auch positiv auf das Immunsystem aus (Davidson et al., 2003). Ebenso kann sie das Muster der Genaktivität verändern, v. a. bei Genen, die an der Bekämpfung von zellulärem Stress (fördert Zellalterung und Entzündungsreaktionen) beteiligt sind (Dusek et al., 2008; Kaliman et al., 2014). Grübeln und subjektives Stresserleben können durch regelmäßiges Meditieren reduziert, die emotionale Regulationsfähigkeit, Empathie und Selbstmitgefühl (self-compassion) gesteigert werden (Chiesa & Serretti, 2009; Hölzel et al., 2013; Hölzel, Lazar et al., 2011; Jain et al., 2007). In Verbindung mit positiven Gefühlen können meditative Übungen den Tonus des Vagusnervs steigern (Teil des Parasympathikus; versorgt Herz, Lunge, Magen, Darm, Kehlkopf, Rachen, äußere Gehörgänge). Dies geht wiederum mit einem besseren Gesundheitszustand einher (Kok et al., 2013).

Eine moderate Effektivität (Ernst, Esch & Esch, 2009; Khoury et al., 2013) legt es (trotz methodischer Unzulänglichkeiten einiger Studien) nahe, Meditation als sinnvolle Ergänzung konventioneller Therapieverfahren zu betrachten. Sie stärkt nicht nur die mentale Gesundheit, sondern kann auch bei (chronischen) körperlichen Krankheiten in Erwägung gezogen werden (Fjorback, Arendt, Ørnbøl, Fink & Walach, 2011; Niazi & Niazi, 2011). Die Wirksamkeit achtsamkeitsbasierter Ansätze wurde bereits bei zahlreichen stressassoziierten Symptomen (Schmerz, Bluthochdruck, Herz-Kreislauf- und Schlafprobleme, Entzündungskrankheiten, Schuppenflechte, Ängstlichkeit, depressive Verstimmung) nachgewiesen (Esch, Fricchione & Stefano, 2003; Khoury et al., 2013). Positive Effekte zeigten sich auch bei chronischen Schmerzen, Essstörungen, onkologischen Erkrankungen (Baer, 2003; Grossman, Niemann, Schmidt & Walach, 2004; Ott, Norris & Bauer-Wu, 2006), Angststörungen (Hölzel et al., 2013; Hoge et al., 2013; Vøllestad, Nielsen & Nielsen, 2012) sowie in der Rückfallprävention von Depression (Kuyken et al., 2008; Ma & Teasdale, 2004; Piet & Hougaard, 2011; Teasdale et al., 2000) und Abhängigkeitsstörungen (Bowen et al., 2014; Witkiewitz & Bowen, 2010). Auch präventiv können achtsamkeits- und akzeptanzorientierte Verfahren zur Minderung von Angst, dysphorischer Stimmung und Stresserleben beitragen (Michalak, Heidenreich & Bohus, 2006).

Zu möglichen Nebenwirkungen der Meditationspraxis gibt es bisher nur wenige Publikationen. Kontraindikationen sind bei Patienten mit posttraumatischer Belastungsstörung, Epilepsie oder Psychosen dokumentiert (Lustyk, Chawla, Nolan & Marlatt, 2009). Auch können während der Meditation aversive Gefühle wie Unruhe, Langeweile, Angst oder depressive Verstimmung auftreten. Für Gesunde bestehen kaum Risiken, dennoch empfiehlt es sich auf die Qualifikation des Meditationslehrers (z. B. Arzt, Psychologe) zu achten, sodass mögliche unerwünschte Effekte kompetent aufgefangen werden (Ott, 2012). Einen Überblick über verschiedene Meditationsformen sowie eine Praxisanleitung geben Brenner (2004) und Ott (2010).

Im folgenden Kapitel werden die Bioenergetische Meditation und das damit verbundene Gesunde Denken vorgestellt. Analogien zur Psychologie werden aufgezeigt und bisher verfügbare Studienergebnisse zur Wirksamkeit dieser Meditationsform skizziert. Aus rechtlichen Gründen erfolgt keine detaillierte Darstellung.

3 Die Bioenergetische Meditation nach Viktor Philippi

Viktor Philippi wurde 1952 in Kasachstan geboren, studierte dort Psychologie und lebt seit 1992 in Deutschland (Philippi, 2012). Aufgrund eigener Krankheitserfahrungen beschäftigte er sich schon in jungen Jahren mit dem Thema Gesundheit. Seine Erkenntnisse über die Verbindung von Körper, Geist und Seele sowie über den Einfluss der Gedanken auf das Wohlbefinden führten 1994 zur Prägung des Begriffes „Bioenergetische Meditation" (Biomeditation). Dabei handelt es sich um eine Methode zur Tiefenentspannung und Aktivierung der Selbstheilungskräfte im Organismus. Immunsystem, Stoffwechsel und Nervensystem werden auf natürliche Weise gestärkt und der Körper in die Lage versetzt, sich selbst zu regenerieren. Die Biomeditation wirkt auf körperlicher, geistiger und seelischer Ebene. Sie kann von Menschen aller Altersstufen zur Gesundheitsstärkung und Entspannung sowie unterstützend bei Beschwerden körperlicher oder psychischer Art eingesetzt werden. Nebenwirkungen sind bisher nicht bekannt (Forschungs- und Lehrakademie für Bioenergetik und Bioinformatik [FLBB], 2010, 2013a).

Die Vorsilbe „Bio" (griech.) steht für alles Lebendige und Meditation (lat.) für tiefes, entspanntes Nachdenken. In der Energetik wird Energie als die Grundkraft aller Dinge betrachtet (philosophische Sichtweise). Energie sei auch die eigene Tatkraft – das, was jeder bereit ist, für sich zu tun. Bioenergetische Meditation bedeute somit auch: „Ich nutze meine Zeit und denke über mich und mein Leben nach. Warum, wieso oder weshalb geht es mir so und nicht anders? Was kann ich tun, um gesünder und glücklicher zu werden?" (FLBB, 2013a, S. 3). Die Biomeditation wird inzwischen europaweit angeboten und kann bei einem Biosens (Bioenergetiker Extrasens) vor Ort oder mit speziell konzipierten Meditations-CDs (ohne Vorkenntnisse) zu Hause praktiziert werden. Der Begriff „Biosens" ist rechtlich geschützt und darf nur nach erfolgreicher Ausbildung an der Forschungs- und Lehrakademie für Bioenergetik und Bioinformatik (Taubenheim/Spree) verwendet werden. Zum Schutz des Klienten ist der betreuende Biosens ethischen Richtlinien verpflichtet. Die Biomeditation ist keine Heilbehandlung im medizinischen Sinne, sondern eine persönliche Maßnahme zur Gesundheits- stärkung. Ärztliche Anordnungen werden durch den Biosens nicht geändert (FLBB, 2012, 2013a, 2013c).

Philippi (2008) betont, dass es sich bei seiner Methode nicht um Geistheilung handle. Auch würde er sich nicht in die Kategorie der Esoterik einordnen. Der Begriff sei aus dem Griechischen abgeleitet und könne mit „Geheimlehre" übersetzt werden. Philippi (2008) mache jedoch kein Geheimnis aus seiner Lehre – wie die Biomeditation wirkt, ist in Büchern und im Internet nachzulesen. Das Gesundheitsministerium des Landes Nordrhein-Westfalen habe diese Methode 2004 geprüft und als Meditationsverfahren eingestuft (Philippi, 2008).

3.1 Gesundheit und Krankheit aus bioenergetischer Sicht

Die Bioenergetische Meditation wird von einem ausgebildeten Biosens durchgeführt, der in der Lage ist, die dazu benötigte Bioenergie weiterzuleiten und mit positiver Bioinformation zu verstärken (FLBB, 2013a, 2013d). Bioinformationen seien vereinfacht dargestellt, „Nachrichten", die der Mensch im Alltag durch seine Sinnesorgane empfangen und im Gehirn entschlüsseln kann. Laut Philippi (2012) besteht der Mensch aus Seele, Geist und Körper, die über ein Bioinformationsnetz miteinander verbunden sind. Durch dieses Netz fließen Bioenergie und Bioinformation. In der Bioenergie seien sämtliche „Informationen zur Schaffung, Regeneration und zum Schutz allen Lebens enthalten" (FLBB, 2012, S. IV). Wenn sie frei fließen kann, werden die Zellen des Körpers optimal energetisch und informatorisch versorgt. Alle Körperprozesse werden durch ein hochintelligentes Informationssystem gesteuert. Obwohl diese Vorgänge sehr komplex seien, gebe es drei Hauptbereiche, denen die unterschiedlichen Körperfunktionen zugeordnet werden können (FLBB, 2013a): (a) Immunsystem: Abwehr aller Angriffe (Bakterien, Viren etc.), (b) Nervensystem: Steuerung aller Vorgänge, (c) Stoffwechsel: Versorgung und Entsorgung des Körpers.

Durch Stress, Ärger oder negative Gedanken blockiert sich der Mensch oft selbst und damit den Informationsfluss (FLBB, 2013a). Es entstehen energetische Blockaden (negativ wirkende Energie und Information) – die Ursache von Disharmonien auf seelischer, geistiger und körperlicher Ebene. Benötigt der Körper Unterstützung, wird die betroffene Person rechtzeitig informiert. So signalisiert z. B. das Durstgefühl einen Bedarf an Flüssigkeit. Schmerz hingegen ist ein Warnsignal und weist darauf hin, dass im Körper eine Störung vorliegt. Die Ursache der Störung liegt auf der informatorischen Ebene: „Ohne Information keine Funktion" und fehlerhafte Informationen erzeugen fehlerhafte Funktionen (FLBB, 2013a, S. 7). Fehlt z. B. einer Zelle die Information, welche Nährstoffe dem Blut zu entnehmen und welche Abfallstoffe zu entsorgen sind, herrsche in dieser Zelle Chaos. In der Regel ist eine Zelle Bestandteil eines Zellverbundes (z. B. eines Organs), sodass andere Zellen, die Funktion der „gestörten" Zelle übernehmen können. Langfristig sind diese Zellen jedoch überlastet und ebenfalls in ihrer Funktion beeinträchtigt: Die ersten bewussten Symptome (Schmerzen, Unwohlsein etc.) als Zeichen organischer Fehlfunktionen können auftreten (FLBB, 2013a). Die Biomeditation arbeitet nicht am Symptom, sondern an der informatorischen Störung, die durch energetische Blockaden ausgelöst wird. Sie arbeite auf molekularer Ebene und reinige die Energiekanäle jeder einzelnen Zelle. In erster Linie werden Immunsystem, Stoffwechsel und Nervensystem aktiviert. Diese drei bilden nach Philippi (2012) die Grundlage der Gesundheit und sind untrennbar miteinander verbunden. Ist ein Bereich durch falsche oder fehlerhafte Information in seiner Funktion eingeschränkt, werden auch die beiden anderen geschwächt. Das harmonische Zusammenspiel ist gestört, der Mensch erkranke auf seelischer, geistiger oder körperlicher Ebene – je nachdem, wo seine Schwachstelle ist. Ziel der Biomeditation ist es, energetische Blockaden aufzulösen und fehlerhafte Informationen im Körper zu korrigieren, sodass dieser seine ursprünglichen, richtigen Funktionen wieder aufnehmen kann. Wird die Blockade (als Ursache) genommen, könne auch die Erkrankung/Beschwerde (als Folge) gehen (FLBB, 2013a). Philippi (2011, 2012) versteht Erkrankungen daher als Folge energetischer Störungen. Er appelliert an die Eigenverantwortlichkeit des Menschen für seine Gesundheit. Letztere könne durch Denken und Handeln beeinflusst werden: „Der Mensch fühlt sich krank. Was ist passiert? Haben Sie schon einmal darüber nachgedacht, was Sie in der Zeit zwischen dem Zustand, den sie als Gesundheit bezeichnen und dem Gefühl, ‚krank zu sein', gemacht haben?" (Philippi, 2011, S. 63). Vereinfacht dargestellt könne dies wie folgt aussehen (Abbildung 1):

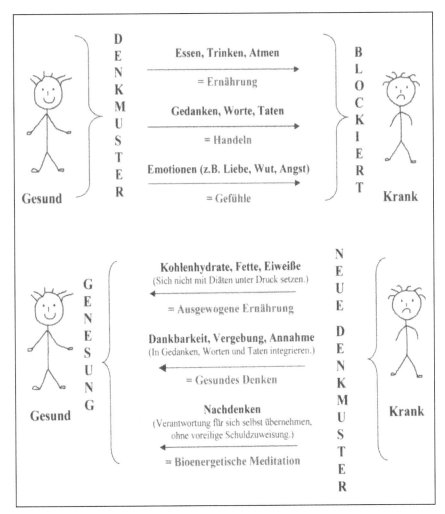

Abbildung 1: Einflüsse auf den Gesundheitszustand

Quelle: Eigene Darstellung nach Philippi (2011, S. 63 f.)

Laut Philippi (2011) entsprechen Ernährung, Handeln und Gefühle den drei Ebenen, des Menschen: Seele (= Gefühle), Geist (= Denken) und Körper (= Ernährung). Wenn diese drei im Einklang sind, ist der Mensch gesund und die Hauptsäulen der Gesundheit – Immunsystem, Stoffwechsel und Nervensystem – funktionieren. Eine ausgewogene Ernährung sei wichtig, damit der Körper mit allen lebenswichtigen Stoffen versorgt wird. Das Gesunde Denken helfe Stress besser zu bewältigen, mit sich selbst und anderen Frieden zu schließen. Die Ebenen stünden in Wechselwirkung zueinander: Jemand, der sich sehr gesund ernährt, könne körperliche Beschwerden haben, weil er möglicherweise (bewusst oder unbewusst) negativ denkt. „Gesundes Denken" hingegen schaffe gute Voraussetzungen, um verschiedene Lebensmittel besser verarbeiten zu können. Da der Mensch prinzipiell in der Lage sei nachzudenken, könne er diese Zusammenhänge erkennen und zu seinem Vorteil nutzen (z. B. Dinge ändern, die er zuvor aufgrund fehlender Information falsch gemacht hat). Beim Auflösen blockierender Denkmuster sei die Biomeditation hilfreich.

Philippi (2008, 2011) wolle lediglich zum Nachdenken anregen und räumt ein, dass die dargestellten Zusammenhänge (Abbildung 1) weitaus komplizierter sind. Auch bezeichnet er sich selbst nicht als Heiler. Er gebe lediglich Impulse zur Aktivierung der Selbstheilungsprozesse. Heilen könne sich der Organismus nur selbst. Dies geschieht, wenn die Abwehrkräfte, d. h. Immunsystem, Stoffwechsel und Nervensystem aktiviert werden – egal auf welche Weise (z. B. durch gesunde Ernährung, Bewegung, Veränderung der Denkmuster, Meditation). Der Heilungsprozess könne durch Gesundes Denken unterstützt werden.

3.2 Das Gesunde Denken

Das Gesunde Denken ist Bestandteil der sogenannten „Philosophie der goldenen Pyramide", einer Lebensphilosophie, die auf den zwischenmenschlichen Werten Liebe, Glaube, Hoffnung und Geduld basiert (Philippi, 2012). Sie verstärkt die Wirkung der Biomeditation. Diese wiederum unterstütze den Meditierenden das Gesunde Denken besser zu verstehen und im Alltag umzusetzen. Es sei leicht erlernbar und helfe Stresssituationen zu managen, Konflikte zu bewältigen oder Lösungswege in Krisenzeiten zu finden. Dankbarkeit, Vergebung und Annehmen bilden die Grundlage des Gesunden Denkens. Wer den tieferen Sinn des Ganzen verstehe, lerne sich selbst besser kennen, wird im Leben zufriedener und gelassener – eine wichtige Voraussetzung für die Gesundheit (FLBB, 2012, 2013c).

3.2.1 Dankbarkeit

Dankbarkeit sei eng mit dem Immunsystem verbunden und öffne die Seele (= Licht des Lebens, Ausstrahlung des Menschen, Charisma). Herzliche Dankbarkeit gegenüber sich selbst, den Mitmenschen und der Umwelt zu leben, bedeute sich selbst zu erkennen. Der kritische, ehrliche Umgang mit der eigenen Person ermögliche es, negative Gefühle, die auf Neid, Hass, Gier oder Eifersucht basieren, wahrzunehmen und aufzulösen. Dabei helfe die Vergebung (FLBB, 2012; Philippi, 2011, 2012). Fast jeder trage ein Gefühl der Dankbarkeit in sich – selten jedoch, wenn die Dinge nicht nach Plan verlaufen oder der Mensch erkrankt. Gelinge es nicht, trotz schwieriger Lebensumstände dankbar zu sein, blieben letztendlich nur noch Verbitterung und Enttäuschung. Es geht nicht darum, für Krankheiten dankbar zu sein. Wichtiger sei es, die Kraft zu haben und sich sagen zu können: „... Dank[e], dass es so ist und nicht schlimmer" (FLBB, o.D., S. 8). Wenn der Fokus auf das Positive gerichtet wird, auf Dinge wofür der Betroffene dankbar sein kann, werden Harmonie und innerer Frieden allmählich zurückkehren – selbst wenn die Krankheit noch besteht. Je größer der innere Frieden (und je geringer die Angst), umso weniger Platz sei für Krankheiten.

Es ist empfehlenswert Dankbarkeit vor dem Einschlafen zu üben. Verglichen mit Grübeln ist sie die bessere Variante um zufrieden in den Schlaf zu finden.

3.2.2 Vergebung

Vergebung sei eng mit dem Stoffwechsel verbunden und befreie die Seele (FLBB, 2012; Philippi, 2011, 2012). Durch Vergebung könne sich der Mensch von bewussten oder unbewussten Schuldgefühlen, Enttäuschungen, Kränkungen oder Verletzungen befreien, die seinen Entwicklungsprozess behindern. Vergebung beinhalte mehrere Aspekte: (a) andere um Vergebung bitten (z. B. für Verletzungen, Enttäuschungen und Kränkungen, die ihnen bewusst oder unbewusst zugefügt wurden), (b) anderen vergeben (z. B. für Dinge, die einen verletzt haben), (c) sich selbst vergeben (z. B. für vermeintliche Schwächen; begangene Fehler; übertriebenen Leistungsdruck; negative Gedanken und Gefühle). Wer nicht lernt zu vergeben, lerne auch nicht loszulassen. Er behalte die Kränkung weiterhin in sich und diese könne ihn unter Umständen zerstören (FLBB, o.D): Der Mensch verbittere, Leber oder Galle werden blockiert und damit auch der Stoffwechsel. Ohne funktionierenden Stoffwechsel kann sich der Körper nicht von organischen Krankheiten befreien. Zusätzlich leide das Nervensystem, denn der „verbitterte" Betroffene ist angespannt und gereizt. Diese Prozesse treten nicht sofort ein. Früher oder später werde der Mensch jedoch allein dadurch krank, dass er die Kränkungen nicht loswerden kann.

Wem es schwerfällt anderen zu vergeben, der sollte es wenigstens aus gesundheitlichen Gründen versuchen. Vergebung bedeutet auch (alten) Ballast loszuwerden und zu innerer Ruhe zurückzufinden: In den meisten Fällen hat der Gekränkte zum Zeitpunkt des Geschehens genug gelitten, warum also verjährte Verletzungen und damit einhergehende negative Gefühle (gedanklich) immer wieder in die Gegenwart holen?

3.2.3 Annahme

Annahme sei eng mit dem Nervensystem verbunden und bringe der Seele Frieden (FLBB, 2012; Philippi, 2011, 2012). Annehmen bedeute mit sich selbst und anderen Frieden schließen. Wer lernt, sich selbst mit allen Stärken und Schwächen anzunehmen, sei in der Lage (ohne Selbstverurteilung) an seinen Schwächen zu arbeiten. Begangene „Fehler" können erkannt und durch Vergebung bei sich und anderen bereinigt werden. Jeder soll sich selbst so annehmen, wie er ist. Wer seine Schwächen annehmen kann (z. B. Aussehen, Charaktereigenschaften), habe gleichzeitig auch seine Mitmenschen angenommen. Denn, wenn der Mensch erst einmal mit sich und seinem Leben zufrieden ist, ist er auch mit anderen zufrieden. Wenn er diese respektiert und akzeptiert, werden auch sie ihn akzeptieren. Breitet sich hingegen eigene Unzufriedenheit aus, wird der Betroffene auch mit seiner Umwelt unzufrieden bleiben. Solange der Mensch nicht lerne, sich und seine Mitmenschen anzunehmen, sei das Nervensystem durch Unzufriedenheit, Angst oder Stress gefährdet (FLBB, o.D).

Wenn Annahme schwerfällt, ist es empfehlenswert sich diesem Thema in kleinen Schritten zu nähern. So fällt es leichter sich selbst anzunehmen, wenn erkannt wird, dass es bereits ein Grund zur Freude ist, nur 10 eigene Schwächen zu entdecken und nicht 20. Wer beispielsweise mit seiner Arbeitssituation unzufrieden ist, kann vorerst versuchen sich nur eine halbe Stunde zu echauffieren und nicht den ganzen Tag. Diese Vorgehensweise schont die Nerven und es bleibt genügend Zeit, seine Aufmerksamkeit auf angenehme Lebensaspekte zu richten – was wiederum Dankbarkeit fördert. Etwas wirklich anzunehmen, gehe jedoch über tolerieren und akzeptieren hinaus. Tolerieren impliziert, vorab (unbewusst) ein Urteil zu fällen, einen Sachverhalt mit eigenen Normvorstellungen abzugleichen. Akzeptieren bedeute, etwas hinzunehmen – sei es aus innerer Überzeugung oder weil keine Alternative vorhanden ist. Annehmen hingegen heißt, „etwas ist so wie es ist, ohne Wertung, ohne Beurteilung, ohne es für gut oder schlecht zu befinden" (Philippi, 2012, S. 77). Diese Definition ähnelt dem in Kapitel 2.1 vorgestellten Achtsamkeitsprinzip nach Kabat-Zinn (1990). Auch gibt es Gemeinsamkeiten mit der Loving-Kindness- und der Compassion-Meditation (Hofmann, Grossman & Hinton, 2011), in denen eine freundlich-wohlwollende Haltung gegenüber allen Lebewesen eingenommen wird. So fördern Biomeditation und Gesundes Denken den inneren Frieden, die Grundlage für das friedliche Zusammenleben der Menschen und den verantwortungsbewussten Umgang mit dem Planeten Erde (FLBB, 2012). Letztendlich bedeute Gesundes Denken Liebe zu leben, wobei Liebe definiert wird als „das Gute – in Gedanken, Worten und Taten – weiterzugeben, ohne etwas dafür zu erwarten" (FLBB, 2013d, S. 24). Auch gesundheitlich könne diese Denkweise viel bewirken, indem sie Immunsystem, Stoffwechsel und Nervensystem unterstützt. Egal, welchen Namen die unterschiedlichen Krankheiten hätten, letztendlich seien immer diese drei betroffen. Wer seine Gesundheit bewusst stärken möchte, sollte daher versuchen Dankbarkeit, Vergebung und Annahme in den Alltag zu integrieren (FLBB, o.D.).

Liebe, Glaube und Hoffnung werden häufig mit der (christlichen) Religion in Verbindung gebracht. Daher wird Philippi (2008) – der diese Begriffe und das Wort Gott verwendet – mitunter vorgeworfen, Menschen mit seiner Methode bekehren zu wollen. Auch der Begriff Sekte fiel bereits in diesem Zusammenhang. Liebe, Glaube und Hoffnung gehören laut Philippi (2008) jedoch nicht nur zur Kirche, sondern zu allen Menschen – egal ob Christen, Moslems, Juden oder Atheisten. Er sei noch nie auf die Idee gekommen, Menschen nach Religionen zu trennen. Dementsprechend versuche er auch nicht „… eine Religion besonders gut darzustellen, denn sofort macht man die andere schlecht…" (S. 12). Genau das führe zwischen Menschen verschiedener Religionen zu Abneigung und Hass. Ein Phänomen, das bereits aus der Geschichte bekannt sein dürfte. Philippi (2008) erkläre die Zusammenhänge von Liebe, Glaube, Hoffnung und Geduld so, wie er sie verstehe. Ob jemand in die Kirche geht oder nicht, interessiere ihn nicht. Er überlasse jedem die freie Entscheidung, diese Werte in sich zu stärken und besser zu verstehen. Letztendlich beinhalte Glaube nicht nur religiöse Aspekte, sondern beispielsweise auch den Glauben an Gesundheit oder dass einem Gutes widerfährt.

Kriterien, die eine Sekte bzw. manipulative Gruppen auszeichnen, sind nach Hemminger (2004) u. a. Monopolanspruch auf Wahrheit, Personenkult um die zentrale, autoritäre Leitfigur der Gruppe, Selbstidealisierung und Abwertung anderer, Größenideen, Schwarz-Weiß-Struktur des Denkens, starker Gruppen-zusammenhalt, Überwachungssysteme, (finanzielle) Abhängigkeit der Anhänger von der Gruppe oder der Leitfigur. Abgesehen davon, dass der Sektenbegriff aufgrund seiner negativen Konnotation abzulehnen ist (Deutscher Bundestag, 1998), bleibt es den Biomeditations-Interessierten selbst überlassen nach bestem Wissen und Gewissen zu prüfen, inwiefern diese Kriterien zutreffen. Ein praktischer Leitfaden zur subjektiven Bewertung ist der Advanced Bonewits` Cult Danger Evaluation Frame (ABCDEF; Bonewits, 2001). Die Theorie der Biomeditation und des Gesunden Denkens könne angenommen, kritisiert oder auch sofort abgelehnt werden – nur solle man sich vorher genau informieren und sein Urteil nicht auf der Grundlage vorgefasster Meinungen bilden (Philippi, 2008, S. 16): „Es ist das Einfachste, jemanden oder etwas abzustempeln. Viel schwieriger ist es, sich objektiv damit auseinanderzusetzen".

3.2.4 Parallelen zur (Positiven) Psychologie und Psychotherapie

In der Internationalen statistischen Klassifikation der Krankheiten und verwandter Gesundheitsprobleme (ICD; Deutsches Institut für Medizinische Dokumentation und Information [DIMDI], 2013) sind über 2000 Krankheitsklassen aufgelistet, demgegenüber, so betont Philippi (FLBB, 2013c), steht nur eine Gesundheit. Wäre es nicht sinnvoller, sich auf die Stärkung der Gesundheit zu konzentrieren, als sich ausschließlich mit Krankheiten zu beschäftigen? Diesen Gedanken verfolgen auch

Dahlsgaard, Peterson und Seligman (2005). Sie empfehlen ergänzend zum Diagnostischen und statistischen Manual psychischer Störungen (DSM; Sass, Wittchen, Zaudig & Houben, 2003) sowie zur ICD (Kapitel V; Dilling & Freyberger, 2013) ein Klassifikationsschema menschlicher Charakterstärken und Tugenden zu erstellen:

> The DSM–IV and ICD describe much of what is wrong with people, but what about those things that are right? Psychology has long ignored human excellence, in part because we lack a crucial starting point: an empirically informed, consensual classification of human virtues (Dahlsgaard et al., 2005, S. 203).

Demzufolge wurde der Frage nachgegangen ob religions-, kultur- und epochenübergreifende Tugenden existieren, die mit einem zufriedenen Leben in Verbindung gebracht werden können. Herangezogen wurden philosophische und religiöse Traditionen aus China (Konfuzianismus, Taoismus), Südasien (Buddhismus, Hinduismus) sowie westliche Schriften (Philosophie der griechischen Antike, Judentum, Christentum, Islam). Die Forscher fanden 6 universale Kerntugenden: Mut, Gerechtigkeit, Humanität, Mäßigkeit, Weisheit und Transzendenz. Diesen Tugenden konnten 24 Charakterstärken zugeordnet werden, darunter auch Dankbarkeit, Vergebung, Liebe und Hoffnung (Dahlsgaard et al., 2005; Seligman, Steen, Park & Peterson, 2005).

Anspruch der vorliegenden Thesis ist es nicht, die Theorie von Viktor Philippi, die Existenz eines Meridiansystems oder der Bioenergie zu bestätigen. Anzumerken ist jedoch, dass das Gesunde Denken Parallelen zur Psychologie und Psychotherapie aufweist. So werden Dankbarkeit, Vergebung, Liebe und Hoffnung auch in der Positiven Psychologie thematisiert (Lopez & Snyder, 2009). Philippi (2012) zufolge, kämpfe die Biomeditation nicht gegen Krankheiten – sie stärkt die Gesundheit. Positive Psychotherapie (PPT) zielt ebenfalls nicht direkt auf eine Minderung von Symptomen ab. Vielmehr werden Gesundheit und Wohlbefinden durch den ressourcenorientierten Aufbau positiven Erlebens und Verhaltens gefördert (Seligman, Rashid & Parks, 2006). Die von Philippi (2008, 2012) postulierte Wechselwirkung von Immunsystem, Stoffwechsel und Nervensystem wird in der physiologischen Grundlagenliteratur (Klinke, Pape, Kurtz & Silbernagl, 2009, S. 516) sowie in psychoneuroimmunologischen Untersuchungen (Kiecolt-Glaser, McGuire, Robles & Glaser, 2002a, 2002b) beschrieben. Da das Gehirn über chemische Botenstoffe (Cytokine) mit dem Immunsystem kommunizieren kann

(Kronfol & Remick, 2000), liegt die Vermutung nahe, dass Gedanken und Emotionen einen Einfluss auf den Gesundheitszustand haben. Auch Philippi betont die Wichtigkeit des Gesunden Denkens zur Stärkung von Gesundheit und Wohlbefinden. Der Zusammenhang wurde bereits in empirischen Studien nachgewiesen. So kann Dankbarkeit zu einer Steigerung des psychischen Wohlbefindens, der Lebenszufriedenheit und Schlafqualität beitragen. Diese Ergebnisse waren unabhängig von den im NEO-Persönlichkeitsinventar (NEO PI-R; Costa & McCrae, 1992) erzielten Werten (Wood, Joseph, Lloyd & Atkins, 2009; Wood, Joseph & Maltby, 2008, 2009). Auch Emmons und McCullough (2003) schlussfolgerten in ihrer Studie, dass eine mit Dankbarkeit verbundene, bewusste Fokussierung auf angenehme Alltagserlebnisse wesentlich zur Steigerung des Wohlbefindens beiträgt. Glücksgefühle und subjektives Wohlbefinden sind wiederum Prädiktoren für einen besseren Gesundheitszustand und eine längere Lebensdauer (Chida & Steptoe, 2008; Diener & Chan, 2011; Veenhoven, 2008).

Laut Philippi (2008, 2011, 2012) ist es kein Zufall, dass Krankheit und Kränkung einen gemeinsamen Wortstamm haben: Die Art und Weise wie jemand auf Kränkungen und Verletzungen reagiert, wirkt sich auf seine Gesundheit aus. Van Oyen Witvliet, Ludwig und Vander Laan (2001) verglichen die unmittelbaren emotionalen und physiologischen Effekte einer vergebenden mit einer unversöhnlichen Haltung. Dazu sollten 71 Probanden in Gedanken (bzgl. vergangener Kränkungen) Groll hegen und sich unversöhnlich zeigen oder eine empathische Perspektive einnehmen und vergebend reagieren. Jeder Proband durchlief alle Versuchsbedingungen. Im Vergleich zur Ausgangsbasis gingen unversöhnliche Gedanken mit unangenehmeren Emotionen, einem Anstieg von Blutdruck, Herzfrequenz und Hautleitfähigkeit (Indikator für das Erregungsniveau im sympathischen Nervensystem) sowie stärkerer Anspannung im Bereich der Augenbrauen einher. Auch nach Beendigung der gedanklichen Vorstellung (Entspannungsphase) sanken Herzfrequenz und Erregungsniveau nicht sofort ab. Verglichen mit der unversöhnlichen Haltung waren die genannten Parameter in der vergebenden Versuchsbedingung niedriger. Während vergebende Gedanken mit größerer Freude, Entspannung, Empathie und wahrgenommener Kontrolle einhergingen, waren unversöhnliche Gedanken vermehrt mit Gefühlen von Traurigkeit, Ärger und Angst verbunden. Diese Ergebnisse deuten darauf hin, dass sich allein die Vorstellung von Vergebung stressmindernd auswirken kann. Ebenso ist es naheliegend, dass permanentes Grübeln über vergangene Kränkungen (aufgrund der damit einhergehenden physiologischen Erregung) langfristig der Gesundheit schadet. Vergebung hingegen ist nach Worthington und Scherer (2004) eine emotionsfokussierte Bewältigungsstrategie zur Gesunderhaltung und Reduzierung von Gesundheitsrisiken. Beispielsweise steht die Verringerung von feindseligen Gefühlen – durch Interventionen, die eine vergebende Haltung fördern – im Zusammenhang mit der Abnahme von Herzbeschwerden (Friedman et al., 1986; Kaplan, 1992). Auch deuten Untersuchungen darauf hin, dass Menschen mit einem positiven emotionalen Stil (PES; glücklich, lebhaft, gelassen) weniger anfällig für Erkältungskrankheiten sind als jene mit einem negativen emotionalen Stil (NES; ängstlich, feindselig, niedergeschlagen). In zwei Studien (N=193, N=334) setzten sich gesunde Probanden freiwillig Rhinoviren (mittels Nasentropfen) aus. Es wurde beobachtet welche Personen unter Quarantäne-Bedingungen in den darauf-folgenden Tagen Erkältungssymptome bzw. eine Infektion der oberen Atemwege aufwiesen. PES wurde mit einem geringeren Risiko, eine Infektionskrankheit zu entwickeln in Verbindung gebracht. Ebenso war die Anzahl der subjektiv beklagten Symptome bei Probanden mit ausgeprägtem PES geringer als bei jenen mit NES (Cohen, Alper, Doyle, Treanor & Turner, 2006; Cohen, Doyle, Turner, Alper & Skoner, 2003). Negative Emotionen wie Ärger und Feindseligkeit werden nicht nur mit einer Beeinträchtigung des Immunsystems assoziiert, sondern auch mit einem erhöhten Risiko für koronare Herzkrankheiten (Chida & Steptoe, 2009; Kiecolt-Glaser, McGuire, Robles & Glaser, 2002a; Miller, Smith, Turner, Guijarro & Hallet, 1996). Angst ist ebenfalls ein Risikofaktor für koronare Herzkrankheiten und Hoffnungslosigkeit kann das Fortschreiten von Atherosklerose beschleunigen (Everson, Kaplan, Goldberg, Salonen & Salonen, 1997; Roest, Martens, de Jonge & Denollet, 2010).

In einer Langzeitstudie (N=99) wiesen junge Erwachse mit einem pessimistischen Attributionsstil (Neigung, negative Lebensereignisse auf internale, stabile und globale Ursachen zurückzuführen) in späteren Lebensjahren einen schlechteren Gesundheitszustand auf (Peterson, Seligman & Vaillant, 1988). Ähnliche Ergebnisse lieferte eine retrospektive Untersuchung an Mitgliedern der Baseball Hall of Fame. Es zeigte sich ein signifikanter Zusammenhang zwischen Pessimismus und gesundheitlichen Beschwerden nach Ende der aktiven Sportkarriere (Peterson & Seligman, 1987). Während sich Optimismus positiv auf die Gesundheit auswirkt (Rasmussen, Scheier & Greenhouse, 2009; Scheier & Carver, 1992), scheint Pessimismus also ein Risikofaktor für die Entstehung von

Krankheiten zu sein. Optimismus könne laut Seligman (1990) jedoch gelernt werden: Wissend, dass sich Erwartungen über Erfolg oder Misserfolg oftmals als selbsterfüllende Prophezeiung entpuppen, existieren mittlerweile Trainingsprogramme, die darauf abzielen Pessimismus in Optimismus zu verwandeln (Schulman, 1999). Es ist davon auszugehen, dass Gesundes Denken ebenso trainiert werden kann. So zielte eine Studie von Ramírez, Ortega, Chamorro und Colmenero (2014) darauf ab, die Lebensqualität von älteren Menschen durch Interventionen der Positiven Psychologie zu erhöhen. Dafür wurde ein Programm entwickelt, das Dankbarkeit, Vergebung und das autobiographische Gedächtnis fördert. Probanden, die an diesem Programm teilnahmen, zeigten im Vergleich zur Kontrollgruppe signifikant geringere Ausprägungen von Ängstlichkeit und Depression sowie eine höhere Lebenszufriedenheit und eine verbesserte Erinnerung an spezifische Ereignisse. Trotz kleiner Stichprobe (N=46) liefern diese Ergebnisse Hinweise, dass sich Interventionen der Positiven Psychologie auch im Bereich der Gerontopsychologie als effektiv erweisen können – was in Anbetracht der steigenden Lebenserwartung (Buttler, 2003) und der damit verbunden Zunahme älterer Menschen in der Gesellschaft relevant sein dürfte.

Insgesamt deutet die derzeitige Forschungslage darauf hin, dass es sinnvoll wäre Interventionen der Positiven Psychologie – wie Dankbarkeit und Vergebung – in den klinischen Kontext zu integrieren (Baskin & Enright, 2004; Bolier et al., 2013; Bono & McCullough, 2006; Emmons & Stern, 2013; Wood, Froh & Geraghty, 2010). Weitere qualitativ hochwertige Studien in unterschiedlichen klinischen Populationen sind erforderlich um diese Schlussfolgerung zu bestätigen. Einige Strategien zur Kultivierung von Dankbarkeit und Vergebung werden von Esch (2013) beschrieben. Wünschenswert wäre, dass Interventionen zu diesen Themen zukünftig auch in der einschlägigen Fachliteratur wie z. B. im Verhaltenstherapie-manual von Linden und Hautzinger (2011) Erwähnung finden. Derzeit wird lediglich im Rahmen des Emotionsregulationstrainings darauf hingewiesen, die Konsequenzen des eigenen Handelns dankbar anzunehmen. Auch wird bemerkt, dass Weisheitstherapie Parallelen zum Forgiveness-Ansatz von Enright und Fitzgibbons (2000) aufweist.

Da der Gedanke des Annehmens in Elementen der ACT, Wohlbefindens-Therapie und Weisheitstherapie enthalten ist, sollen auch diese Ansätze kurz beleuchtet werden. Weisheit wird definiert als eine Expertise zur Bewältigung schwieriger Lebensfragen und zur Adaption an komplexe Anforderungen (Baumann & Linden,

2011). Dazu zählt die Fähigkeit, mögliche Widersprüche einer Situation zu meistern sowie die Konsequenzen einer Handlung für sich und andere abzuwägen. Nach Sternberg (1998) wird dabei eine Balance zwischen intrapersonalen, interpersonalen und extrapersonalen Interessen erreicht. Folgende Dimensionen des Weisheits-Konstruktes (Baumann & Linden, 2011) ähneln dem Gedanken des Annehmens: „Emotionswahrnehmung und Emotionsakzeptanz" (Fähigkeit zur Wahrnehmung und Akzeptanz eigener Gefühle) sowie „Selbstrelativierung" (Fähigkeit zu akzeptieren, dass im Leben nicht alles nach dem eigenen Willen verläuft und die eigene Person nicht immer am wichtigsten ist). Ziel der Weisheitstherapie ist es, Weisheitskompetenzen und damit die Voraussetzung zur Belastungs- und Konfliktverarbeitung zu verbessern. Dieses therapeutische Vorgehen wird überwiegend zur Behandlung von Anpassungsstörungen wie der Posttraumatischen Verbitterungsstörung (PTED; Linden, Schippan & Baumann, 2004) angewendet. Mit dem Titel „Verbitterung und Vergebung" unterstreicht Bonelli (2014) zugleich die gesundheitliche Relevanz einer vergebenden Haltung. Da Weisheitstherapie laut Baumann und Linden (2011) eine wissenschaftliche Neuentwicklung darstellt, liegen bisher kaum empirische Wirksamkeitsnachweise vor. Aus klinischer Erfahrung habe sich dieses therapeutische Vorgehen jedoch bewährt.

Sowohl in Philippis (2011, 2012) Ansatz des Gesunden Denkens als auch in der Wohlbefindens-Therapie (WBT; Fava & Ruini, 2003) wird davon ausgegangen, dass der Mensch seinem Gesundheitszustand nicht hilflos ausgeliefert ist, sondern diesen wesentlich beeinflussen kann. WBT unterstützt den Klienten, seine Potentiale zu erkennen und Kompetenzen zu erweitern. Je ausgeprägter die gesundheitlichen Beschwerden, umso entscheidender ist es, das subjektive Wohlbefinden zu fördern (Fava & Linden, 2011). Dazu zählen nach Ryff und Singer (1996) folgende Dimensionen: Umweltbewältigung, persönliche Entwicklung, Lebenssinn, Autonomie, positive Beziehungen und Selbstakzeptanz. Letztere impliziert, sich selbst mit allen Stärken und Schwächen realistisch zu betrachten und anzunehmen. Die Effektivität dieses Therapieansatzes wurde in einigen Studien überprüft (Fava & Tomba, 2009; Ruini & Fava, 2009).

Auch Philippi (2011) betont die Wichtigkeit, subjektiv empfundene Schwächen anzunehmen – erst dann könne (ohne Selbstverurteilung) langfristig eine Änderung erreicht werden. Parallelen finden sich in der ACT (Hayes, 2004). Diese beinhaltet u. a. die achtsame Akzeptanz eigener (auch unangenehmer) Gedanken, Gefühle und Körperempfindungen. Primär geht es darum, die innere Haltung gegenüber Problemen und damit einhergehender Gedankenmuster zu ändern, anstatt krampfhaft eine sofortige Besserung erreichen zu wollen. „Dieses Spannungsfeld [zwischen Annahme des gegenwärtigen Zustandes und Veränderungswillen] wird besonders deutlich bei Störungen, deren zentrales aufrechterhaltendes Merkmal in dem Wunsch liegt, die Störung loszuwerden (z. B. ‚ich muss schlafen', ‚ich muss sexuell funktionieren')" (Heidenreich & Michalak, 2011, S. 59). Ziel der ACT ist u. a. die Erzeugung kreativer Hoffnungslosigkeit: Der Klient erlebt, dass sein Vermeidungsverhalten bzw. die Meidung aversiver Gedanken und Gefühle langfristig erfolglos bleibt (Sonntag, 2011). Das Beispiel „Denken Sie jetzt bitte nicht an einen blauen Elefanten" verdeutlicht in der Regel, dass gerade der Versuch, einen Gedanken zu unterdrücken, diesen (verstärkt) präsent macht. Akzeptanzorientierte Verfahren wurden in zahlreichen empirischen Studien bei verschiedenen Störungsbildern wie Angst, Depression und chronischen Schmerzen überprüft (Fledderus, Bohlmeijer, Pieterse & Schreurs, 2012; Forman, Herbert, Moitra, Yeomans & Geller, 2007; Wetherell et al., 2011). So führte ACT zu einer Steigerung der mentalen Gesundheit, Lebensqualität und Lebenszufriedenheit sowie zu einer geringeren Beeinträchtigung durch Schmerz-, Angst- oder depressive Symptome. Übersichtsarbeiten und Meta-Analysen weisen – trotz kleiner Fallzahlen und methodischer Schwächen einiger Arbeiten – darauf hin, dass ACT ein moderat wirksames, flexibel einsetzbares Therapieverfahren darstellt (Hayes, Luoma, Bond, Masuda & Lillis, 2006; Öst, 2008; Powers, Zum Vörde Sive Vörding & Emmelkamp, 2009; Ruiz, 2010).

Der Gedanke des Annehmens spiegelt sich ebenfalls in einer der drei von Rogers (1957) postulierten gesprächstherapeutischen Grundhaltungen wider – dem unkonditionalen Akzeptieren („unconditional positive regard"). Diese nicht an Bedingungen geknüpfte Akzeptanz bedeutet, dem Klienten vorurteilsfrei, respektvoll und mit positiver Wertschätzung zu begegnen – ihn so anzunehmen, wie er ist. Neben Empathie (Einfühlen in die subjektive Erlebenswelt des Klienten) und Kongruenz (erlebte Echtheit/Aufrichtigkeit des Therapeuten) ist das unkonditionale Akzeptieren eine wesentliche Voraussetzung für den Aufbau einer vertrauensvollen, tragfähigen Therapeut-Klient-Beziehung. Auch erweist sich in diesem Zusammenhang eine achtsame therapeutische Haltung als vorteilhaft (Gmerek, 2009).

Laut Philippi (2011) haben alle Methoden, die dem Menschen helfen, ihre Daseinsberechtigung. Kritisch seien Verfahren zu betrachten, in denen bewusst eine Abhängigkeit zwischen Klient und Therapeut geschaffen und Angst als Mittel der Manipulation eingesetzt wird (z. B. „Wenn Sie dies nicht machen, geschieht..."). In der Biomeditation gebe es daher keine Dogmen, denn diese schränken ein und verursachen Angst. Der Klient soll frei entscheiden, auch werden keine Versprechungen gemacht. Der Meditierende wird jedoch darauf hingewiesen, dass er die Dauer des Genesungsprozesses selbst mit beeinflussen kann, indem er hinderliche Denkmuster ablegt und Gesundes Denken übt.

3.3 Ablauf der Biomeditation

Jeder Mensch habe laut Philippi (FLBB, 2013a) zwölf Hauptenergiezentren, die dafür sorgen, dass alle Organe energetisch und informatorisch versorgt werden. Sind die Energiezentren blockiert, so werden langfristig auch die mit ihnen vernetzten Organe funktionell beeinträchtigt. Um den Fluss der Bioenergie zu aktivieren, die das gesamte Meridiansystem des Körpers durchströmt, berührt der Biosens bestimmte Körperstellen (Energiezentren) des Meditierenden. Es gibt vier Haupthandpositionen. Weitere Positionen sind möglich und richten sich nach den individuellen Bedürfnissen des Klienten. Philippi (2008) beschreibt diese Aktivierung auch als Liebe geben (z. B. dem Meditierenden von Herzen Gutes und Gesundheit wünschen).

Die Bioenergetische Meditation dauert eine Stunde. Während der Meditierende (meist liegend) entspannt und seine Gedanken frei fließen lässt, läuft im Hintergrund eine speziell für diese Methode entwickelte Meditationsmusik. Stress, Anspannungen und Ängste können sich in der Tiefenentspannung leichter lösen. Auch werden belastende Glaubenssätze, Denk- und Verhaltensweisen – die letztendlich den Grundstein für neue Blockaden legen – in der Biomeditation leichter erkannt. Während der Biomeditation kann es zu bewussten oder unbewussten Reaktionen kommen (FLBB, 2013a). Diese seien als positives Zeichen zu werten: Blockaden werden gelöst, der Körper beginnt sich zu regenerieren. Typische Reaktionen sind z. B. Wärme-, Kälte-, Schweregefühl, Ziehen oder Stechen in verschiedenen Körperbereichen, angenehmes Kribbeln, tiefe Entspannung, Wohlbefinden oder ein Glücksgefühl. Diese Reaktionen ähneln teilweise gewöhnlichen Entspannungsphänomenen wie sie auch bei andern Verfahren (z. B. Autogenes Training) auftreten, können jedoch auch weit darüber hinausgehen. Die Intensität der Reaktionen hänge laut Philippi (FLBB, 2013a) davon ab, wie tief die Blockade sitzt, wie stark sie ist und wie lange sie den Menschen schon belastet. Da die Biomeditation überall dort zu arbeiten beginne, wo der Körper Unterstützung benötigt, sollte der Meditierende versuchen alle Reaktionen (ob angenehm oder unangenehm) in Dankbarkeit anzunehmen. Auf diese Weise unterstütze er die eigenen Abwehrkräfte. Je unzufriedener der Klient mit seinem Körper und den Reaktionen sei, umso länger können diese andauern. Auch werde der Genesungsprozess blockiert. Der Klient soll keine sofortige Besserung des Gesundheitszustandes erwarten, sondern Geduld haben, da der Körper Regenerationszeit brauche. In diesem Zusammenhang ist auf die Ähnlichkeit der englischen Begriffe patient (Patient) und patience (Geduld) hinzuweisen. Da Kälte eine häufige Reaktion darstellt, erhalten die Meditierenden/Klienten auf Wunsch eine Decke. Optional kann am Ende der Meditationssitzung eine Bioenergetische Massage durchgeführt werden. Diese wird meist als angenehm empfunden. Sie aktiviert selbst kleinste Muskelfasern und Nervenbahnen, sodass sich Verspannungen leichter lösen und Rückenbeschwerden gelindert werden können (FLBB, 2013d). Die Biomeditation kann auch allein mit diversen Biomeditations-CDs durchgeführt werden. Aufgrund der energetischen Wirkung der CDs seien oft ähnliche Reaktionen möglich wie in der Meditationssitzung mit einem Biosens (FLBB, 2013d). Regelmäßige Biomeditation helfe dabei, alltägliche Blockaden – die z. B. durch Stress entstehen – aufzulösen.

3.4 Studienergebnisse zur Wirksamkeit der Biomeditation

Zum wissenschaftlichen Nachweis der Wirkung der Biomeditation finden seit 2006 – im Auftrag der von Viktor Philippi gegründeten Forschungs- und Lehrakademie für Bioenergetik und Bioinformatik – ärztlich betreute Probandenstudien zu verschieden Beschwerdebildern statt (chronische Schmerzen, Atemwegs- Rücken-, Krebserkrankungen, Erkrankungen des Immunsystems, Angststörungen, Depression). In der Regel handelt es sich um Probanden, bei denen trotz medizinischer Betreuung bisher keine wesentliche Besserung der Beschwerden erzielt wurde. Jeder Studienteilnehmer wurde vorab darauf hingewiesen, dass die

Biomeditation als Maßnahme zur Gesundheitspflege zu betrachten ist und eine ärztliche Behandlung nicht ersetzt. Kontraindikationen, Neben- oder Wechselwirkungen seien nicht bekannt. Alle Probandenbetreuer haben im Vorfeld die Fachausbildung zum Biosens absolviert und an einem vorbereitenden Studienseminar teilgenommen (Europäischer Berufs- und Fachverband für Biosens e.V. [EBB], o.D.; FLBB, 2010). Die Darstellung dieser Studienergebnisse erfolgt auf der Grundlage bisher veröffentlichter Broschüren der FLBB und persönlicher Kommunikation mit Dipl.-Psych. Wiebke Lehnert (24.01.2014).

In einer ärztlich geleiteten multizentrischen Langzeitstudie von Mai 2006 bis Juni 2008 wurde der Frage nachgegangen, inwiefern sich diverse Krankheitsbeschwerden verändern, wenn die Gesundheit durch Biomeditation unterstützt wird (FLBB, 2010; Lehnert, pers. Kommunikation am 24.01.2014). Die Stichprobe umfasste 67 Teilnehmer (aus der Klientel von 10 Biosens) im Alter von 9 bis 91 Jahren mit verschiedenen psychischen und körperlichen Erkrankungen. Als Verfahren wurde das Goal Attainment Scaling (GAS) nach Kiresuk und Sherman (1968) herangezogen. Die Methode liefere gültige Einzelfälle und werde häufig zur Evaluation von Therapiemaßnahmen verwendet (FLBB, 2010). Im Fokus der nichtrandomisierten, als Erkundung angelegten Studie standen daher die Ziele (Goal) der Probanden sowie die Frage, in welchem Ausmaß (Scaling) diese erreicht werden konnten (Attainment). Mit Unterstützung eines GAS-geschulten Betreuers (Biosens) definierte jeder Teilnehmer seine Ziele und Beschwerdethemen (max. 5). Dabei wurde jedem Thema eine Wichtigkeit von 1 bis 3 zugeordnet. Vor der ersten und nach der letzten Sitzung wurde die Intensität der Beschwerden (auf einer 5-stufigen Skala von -2 bis +2) erfasst. Die Probanden nahmen eine unterschiedliche Anzahl von Biomeditationssitzungen in Anspruch. Der Durchschnittswert lag bei 15,5 Sitzungen, am häufigsten wurden 10 Sitzungen (bei einer Sitzung pro Woche) registriert. Erste Ergebnisse ergaben signifikante Besserungen, sowohl für die Gesamtwerte des Ausmaßes der Zielerreichung (T-Wert stieg von 32,3 auf 55,9) als auch für die einzelnen Beschwerden. Die statistische Irrtumswahrscheinlichkeit lag bei 0,01 Prozent. Von den insgesamt 288 angegebenen Beschwerdethemen wurden 223 in 4 Gruppen zusammengefasst. So ließen sich für folgende Themengruppen separate Besserungsraten berechnen: Beschwerden im Zusammenhang mit psychischen Erkrankungen und Verhaltensstörungen (84%), Schmerzbeschwerden (81%), Beschwerden bei Neubildungen (68%) sowie Medikamenteneinnahme (48%). Insgesamt verbesserten sich 219 von 288 Beschwerden (Besserungsrate 76%),

64 blieben unverändert und 5 verschlechterten sich. Dr. med. Heinz Möller (Stuttgart, November 2010) kommentiert das Studienergebnis wie folgt:

Die Besserungsraten reichen je nach Beschwerdethema von 48 bis 84 Prozent. Die Signifikanz dieser Ergebnisse ist 100-mal höher, als es in Studien gefordert wird, die zur Zulassung von Arzneimitteln führen. Die Pharmaindustrie wäre also glücklich mit so einem Resultat. Ich finde, diese positiven Ergebnisse sollten Anlass für weitere Untersuchungen der Biomeditation sein (FLBB, 2010, o.S.).

Im April 2007 wurde in Dresden – im Rahmen des von Viktor Philippi jährlich initiierten Internationalen Kongress für Theomedizin (= Heilkunst für Seele, Geist und Körper; EBB, 2010) – eine ärztlich geleitete, nichtrandomisierte Studie zur unterstützenden Wirkung der Biomeditation bei chronischen Schmerzen und Atemwegserkrankungen durchgeführt (FLBB, 2013e; Lehnert, persönliche Kommunikation am 24.01.2014). Die Stichprobe umfasste 72 Probanden, davon 9 mit Atemwegserkrankungen und 63 mit chronischen Schmerzen unterschiedlicher Ursache. Alle Probanden erhielten vor Ort 7 Biomeditationssitzungen. Eine schriftliche Befragung fand zu Beginn und nach Ende des Kongresses in einem Zeitraum von 3 Tagen statt. Erfasst wurden u. a. Veränderungen der Atembeschwerden bzw. des Schmerzerlebens, verschiedene Ängste, das allgemeine psychische und körperliche Wohlbefinden sowie das Erleben der Sitzungen. Es ergaben sich statistisch signifikante Verbesserungen mit folgenden Raten: im körperlichen (47 %) und psychischen Befinden (63 %) sowie im Bereich der Ängste (ca. 50 %) und der Schmerzintensität (70 %). 7 der 9 Probanden mit Atemwegserkrankung gaben eine Besserung ihrer Atembeschwerden an. Auch in weiterer Studien wurden Probanden mit chronischen Schmerzen berücksichtigt. So konnten insgesamt Besserungsraten von 47 bis 90 % verzeichnet werden (Abbildung 2).

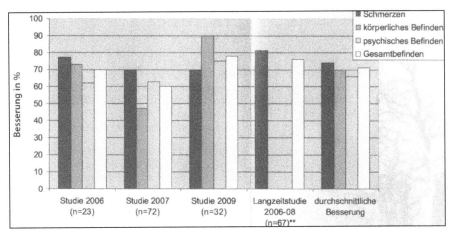

Abbildung 2: Besserungsraten bei Probanden mit (chronischen) Schmerzen

Quelle: FLBB (2010e, o.S.)

Anmerkung. n = Anzahl der Probanden; i. d. R. 7 Biomeditations-Sitzungen, häufigste Grunderkrankungen: chronische Erkrankungen der Wirbelsäule u. des Rückens, Rheuma, Arthrose, Migräne, Fibromyalgie, Krebserkrankungen

** In dieser Studie wurden pro Fall bis zu 5 individuell definierte Beschwerdethemen untersucht, darunter Schmerzen verschiedener Herkunft. Körperliches u. psychisches Befinden wurde nicht separat erhoben.

Eine weitere ärztlich geleitete Studie fand im März 2008 in Dresden – im Rahmen des 2. Internationalen Kongresses für Theomedizin – statt (FLBB, 2013b; Lehnert, pers. Kommunikation am 24.01.2014). Untersucht wurde die Effektivität der Biomeditation als unterstützende Maßnahme bei Krebserkrankungen. Insgesamt nahmen 59 Probanden teil, die während des Kongresses in einem Zeitraum von 3 Tagen mindestens 7 Biomeditationssitzungen erhielten. Schriftliche Befragungen erfolgten vor der ersten und nach der letzten Sitzung (während des Kongresses) sowie nach 3, 6 und 15 Monaten (postalisch). 75 % der Probanden nahmen die Biomeditation auch nach dem Kongress in Anspruch. Erfasst wurden das allgemeine psychische und körperliche Wohlbefinden, Veränderungen bei Schmerzen und Ängsten sowie das Erleben der Sitzungen. Bereits nach 7 Sitzungen besserte sich das psychische Befinden bei 79 % der Probanden, das körperliche bei 67 %. Die Besserungsrate im Bereich der Ängste lag bei 78 % und im Schmerzbereich bei 54 %. Die Veränderungen sind statistisch signifikant. Auch in den 3 Nachbefragungen berichten die Studienteilnehmer über anhaltende bzw. weitere Verbesserungen in den genannten Bereichen (Abbildung 3). Nach eigenen

Angaben reagierten 75 % der an Krebs erkrankten Probanden unmittelbar auf die Biomeditation – häufig mit einem Kribbeln, Ziehen oder Druck in den betroffenen Körperbereichen. Überwiegend wurde körperliche Entspannung, ein Gefühl der inneren Ausgeglichenheit und Wärme wahrgenommen (FLBB, 2013b).

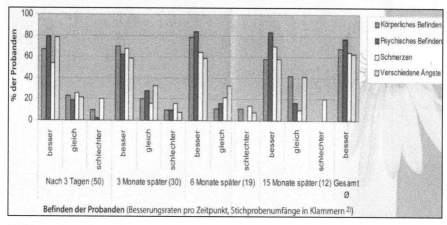

Abbildung 3: Biomeditation bei Krebserkrankungen (Studie 2008)

Quelle: FLBB (2013b, o.S.)

Anmerkung. Rückblickend berichtete Veränderungen des Befindens anhand einer vorgegebenen Skala, schriftliche Befragung

2) 7 Probanden verstarben im Verlauf der Studie, weitere Datensätze schieden aus aufgrund von a) fehlenden oder unvollständigen Angaben (bei 50 % oder mehr), b) Probanden, die im Verlauf der Nachbefragungen unbekannt verzogen u. nicht mehr kontaktiert werden konnten

Generell berichten Meditierende, dass eine regelmäßige Anwendung der Biomeditation das Schmerzempfinden senken sowie Zuversicht, Gelassenheit und Tatkraft steigern könne (FLBB, 2013e). Die FLBB (2013b) räumt ein, dass die angegebenen Verbesserungen bzw. Stabilisierungen des Befindens keine Wunderheilungen darstellen. Sie ermutigen jedoch zur weiteren Erforschung der Biomeditation als unterstützende Maßnahme – gerade bei schwerwiegenden Krankheiten wie Krebs. Diese Erkrankung ist im Bewusstsein der Menschheit oft mit Leiden und Tod verbunden. Gefährlicher als die Diagnose an sich seien jedoch die damit verbunden Ängste, die den Betroffenen blockieren, sein Handeln und Denken einschränken. Während der Biomeditation können diese „lähmenden" Ängste aufgelöst werden – eine wesentliche Voraussetzung für den

Selbstheilungsprozess. Hoffnung und das Vertrauen in die Selbstheilungskräfte des Körpers seien relevant. Beides kann während der Biomeditation gestärkt werden (FLBB, 2013b, 2013e). Auch könne Chemotherapie durch die Aktivierung der Selbstheilungskräfte sowie Stärkung von Immunsystem, Stoffwechsel und Nervensystem besser vertragen werden.

Von September 2011 bis Juli 2012 wurde eine nichtrandomisierte, multizentrische Studie (Deutschland, Österreich, Schweiz) zur gesundheitlichen Wirksamkeit der Biomeditation bei Depressionen und Angsterkrankungen durchgeführt (FLBB, 2011; Lehnert, pers. Kommunikation am 24.01.2014). Die 188 Probanden wurden via Internet, Flyer oder Mundpropaganda rekrutiert und jeweils vor und nach 10 Biomeditationen bei einem Biosens ihrer Wahl schriftlich befragt. Zum Einsatz kamen folgende standardisierte Fragebögen: Je nach vorliegender Diagnose das Beck-Depressionsinventar (BDI II; Hautzinger, Keller & Kühner, 2006) bzw. Beck-Angstinventar (BAI; Margraf & Ehlers, 2007) sowie eine angepasste Version des GAS (Kiresuk & Sherman, 1968). 32 % der Probanden hatten sowohl eine Depression als auch eine Angststörung. Nach 10 Sitzungen verbesserten sich der durchschnittliche T-Wert der GAS-Bögen sowie der Gesamtwert des BDI-II (Abbildung 4) und BAI statistisch signifikant. Es ergaben sich folgende Besserungsraten: GAS-Bögen je 89 %, BDI-II 90 %, BAI 75 %. Die Veränderung der einzelnen GAS-Beschwerdethemen bei Probanden mit Depression ergab eine positivere Stimmung, ein höheres Selbstwertgefühl sowie einen vermehrten Antrieb und eine gesteigerte Motivation zur Zweitbefragung. Gemessen am BDI-II-Gesamtwert änderte sich die durchschnittliche Symptombelastung von einer „mittelschweren" zu einer „minimalen" Depression. Bei Probanden mit Angststörungen konnten anhand der GAS-Bögen ein reduziertes Vermeidungs-verhalten sowie eine geringere Häufigkeit und Intensität der Angstsymptome zur Zweitbefragung verzeichnet werden. Die durchschnittliche Symptombelastung (BAI-Gesamtwert) änderte sich von einer „klinisch relevanten" zu einer „moderaten" Angst. Beide Gruppen empfanden eine bessere körperliche Leistungsfähigkeit. Teilweise konnte die Medikamenteneinnahme verringert werden (GAS).

Von September 2013 bis Ende Juni 2014 läuft eine multizentrische Studie zur Effektivität der Biomeditation bei Probanden mit chronischem Tinnitus (FLBB, 2013f). Teilnahmevoraussetzung ist ein Diagnosenachweis des Haus- bzw. Facharztes. Jeder Proband erhält 10 ermäßigte Sitzungen à 10 Euro (= 25 % des Regelsatzes) bei einem geschulten Biosens seiner Wahl in einem Zeitraum von

10 Wochen. Wie alle vorhergenannten Studien wird auch diese von der FLBB und dem EBB gefördert. Die Unterstützung beinhaltet hauptsächlich die Unkostenbeiträge für Schulungen und Studienmaterialien. Leitung, Durchführung und Auswertung der Studie erfolgen ehrenamtlich. Studienleiter sind Dr. med. Harald Reiß (Kippenheim) und Dr. med. Heinz Möller (Stuttgart). Leiterin des für die Auswertung zuständigen Psychologenteams ist Dipl.-Psych. Wiebke Lehnert (Leverkusen). Es handelt sich um einen Ein-Gruppen-Vorher-Nachher-Vergleich mittels modifiziertem GAS (Kiresuk & Sherman, 1968) und standardisiertem Tinnitus-Fragebogen (TF; Goebel & Hiller, 1998). Weitere Studien sind geplant.

Auch wenn das Design der vorgestellten Studien nicht dem geforderten „Goldstandard" (randomisierte, kontrollierte Studie; RCT) der evidenzbasierten Medizin entspricht, weisen diese Ergebnisse darauf hin, dass verschiedene Erkrankungen und Symptome durch die unterstützende Anwendung der Biomeditation einen besseren Verlauf nehmen können. Randomisierte Kontrollgruppenstudien sind erforderlich um diese Befunde zu stützen. Anzumerken ist an dieser Stelle, dass RCTs zwar wünschenswert, aber nicht bei jeder Fragestellung durchführbar oder angebracht sind. Sie weisen eine hohe interne Validität auf, geraten jedoch hinsichtlich der externen Gültigkeit an Grenzen: „Psychotherapie ist höchst komplex. Es dürfte keine andere medizinische Disziplin derartig komplex sein wie durch zwischenmenschliche Beziehung und Arbeit verändertes menschlichen [sic] Denken und Empfinden. Bereits von daher verbietet es sich, ein derartig reduktionistisches Paradigma wie die RCT-Forschung einzusetzen" (Tschuschke et al., 2009, S. 164). Zumindest sollte die (Höher-)Wertigkeit einer Studie nicht primär vom Kriterium RCT abhängen (Cartwright, 2007; Grossman & Mackenzie, 2005).

4 Das Stressmanagement-Programm der IFT-Gesundheitsförderung

Das Stressmanagement-Programm „Der erfolgreiche Umgang mit täglichen Belastungen" (Müller, 2013) ist ein Programm zur Förderung von Stress-bewältigungskompetenzen, das auf den Methoden der kognitiven Verhaltens-therapie basiert (Wahrnehmungslenkung, Kurzentspannung, kontrollierte Zuwendung, positive Selbstinstruktion, Ressourcenaktivierung, systematisches Problemlösen, Einstellungsänderung). Es wird seit 1985 von der IFT-

Gesundheitsförderung herausgegeben und geschult. Fortbildungen richten sich an Psychologen, Ärzte, (Sozial-)Pädagogen, Sozial- und Gesundheitswissenschaftler. Jeder ausgebildete Kursleiter erhält ein Zertifikat sowie ein Kursleitermanual zur selbstständigen Durchführung des Programmes. Die IFT-Gesundheitsförderung ist Kooperationspartner des 1973 gegründeten Instituts für Therapieforschung in München (IFT). Ziel des IFT ist es, wissenschaftliche Erkenntnisse der Therapieforschung auf Gesundheitsförderung und Psychotherapie zu übertragen (IFT-Gesundheitsförderung, 2014).

Das Kurskonzept entspricht dem Präventionsprinzip „Förderung von Stressbewältigungskompetenzen des „Leitfadens Prävention" der Spitzenverbände der Krankenkassen (GKV-Spitzenverband, o.D.). Im Leitfaden Prävention werden die Handlungsfelder und Kriterien zur Umsetzung des § 20 SGB V (Prävention und Selbsthilfe) sowie § 20a SGB V (betriebliche Gesundheitsförderung) geregelt. Er ist die Grundlage der Programmangebote der IFT-Gesundheitsförderung, d.h. das IFT-Stressmanagement-Programm kommt den Forderungen nach Sicherung der Angebotsqualität, Dokumentation und Erfolgskontrolle, wissenschaftlichem Nachweis der Wirksamkeit, Vorweis eines Kursmanuals sowie von Teilnehmerunterlagen nach. Eine frühere Version des IFT-Stressbewältigungs-Programmes wurde von Müller (2000) in der Familiengruppenforschung eingesetzt und evaluiert. Auch deutet eine Meta-Analyse auf die langfristige Wirksamkeit von Stressbewältigungs-Programmen hin (Kaluza, 2002). So können derartige Interventionen u. a. zu einer Verringerung von Ängstlichkeit, Depressivität, Ärger, Feindseligkeit und körperlichen Beschwerden beitragen.

Das IFT-Stressmanagement-Programm bietet die Möglichkeit, Strategien zur kurz- und langfristigen Stressbewältigung zu erwerben. Es unterstützt Kurs-teilnehmer darin, Belastungen zu reflektieren und neu zu bewerten sowie alternative Verhaltensweisen auszuprobieren. Bevor einzelne Inhalte des IFT-Stressmanagement-Programmes vorgestellt werden, erfolgt zunächst eine Definition des Stress-Begriffes.

4.1 Stress und seine Wirkung

Der Mensch ist sowohl im beruflichen als auch privaten Umfeld mit Veränderungen und wechselnden Herausforderungen konfrontiert. Belastende Situationen können z. B. den Bereich der Arbeit betreffen: überhöhte Leistungsanforderungen, Monotonie oder Unterforderung, Konflikte mit Kollegen, Berufswechsel, (drohende) Arbeitslosigkeit oder Pensionierung (Müller & Kröger, 2013). Zu Belastungen im privaten Bereich zählen beispielsweise Konflikte mit Angehörigen oder Freunden, finanzielle Sorgen, Enttäuschungen, Trennungen von geliebten Personen sowie Krankheit. Menschen reagieren unterschiedlich auf derartige Situationen und besitzen auch unterschiedliche Fertigkeiten, damit umzugehen. Was für die eine Person Stress bedeutet, kann eine andere vollkommen unberührt lassen. Dementsprechend geben Lazarus und Folkman (1984, S. 19) im Rahmen des Transaktionalen Stressmodells folgende Definition: "Psychological stress is a particular relationship between the person and the environment that is appraised by the person as taxing or exceeding his or her resources and endangering his or her well-being." Eine Stressreaktion entsteht demnach erst, wenn eine Anforderung als Bedrohung, Verlust oder Herausforderung bewertet wird (primäre Bewertung) und eigene Bewältigungsmöglichkeiten/Kompetenzen als zu gering eingeschätzt werden diese Anforderungen zu meistern (sekundäre Bewertung). Beide Bewertungen stehen in dynamischer Wechselwirkung. So ändert sich die primäre Einschätzung, wenn angemessene Bewältigungsstrategien zur Verfügung stehen. Dennoch werde Stress laut Kaluza (2012) oftmals als „äußeres Übel" (miss)verstanden, dem der Einzelne hilflos ausgeliefert sei. So könne der Hinweis „Ich habe Stress" z. B. dazu dienen, eigenes Fehlverhalten zu entschuldigen oder auch die (vermeintliche) Wichtigkeit der eigenen Person zu unterstreichen (Stress als Statussymbol).

Die Stressreaktion wird vom Gehirn gesteuert. Sie ist eine sinnvolle Reaktion des menschlichen Organismus auf eine Herausforderung und lässt sich evolutionsbiologisch erklären: Früher (und teilweise noch heute) war es überlebenswichtig, dass sich der Organismus bei Gefahr auf Kampf oder Flucht einstellt. So äußert sich die physikalische Stressreaktion in einer Beschleunigung der Atmung sowie in einer Erhöhung von Blutdruck, Herzschlagfrequenz und Gerinnungsfähigkeit des Blutes. Gehirn und Muskulatur werden stärker durchblutet, Reflexe verbessert, Verdauungsprozesse und Libido gehemmt.

Schmerztoleranz und Immunkompetenz sind kurzfristig erhöht, langfristig jedoch verringert (Kaluza, 2012; Müller & Kröger, 2013). Vereinfacht dargestellt sind an der Stressreaktion zwei Achsen beteiligt, die spezifische Stresshormone bereitstellen: Sympathikus-Nebennierenmark-Achse (Adrenalin) und die Hypothalamus-Hypophysen-Nebennierenrinden-Achse (Cortisol). Die Ausschüttung von Adrenalin erfolgt über die synaptischen Verbindungen des Nervensystems, die Verteilung von Cortisol im Organismus verläuft über die Blutbahn.

Stress löst in der Amygdala eine emotionale Reaktion (z. B. Ärger) aus, die dazu führt, dass Glutamat in den Locus caeruleus (blauer Kern im Hirnstamm, auch Locus coeruleus gennant) ausgeschieden wird, der daraufhin Noradrenalin produziert (Klinke et al., 2009; Müller & Kröger, 2013). Dieses stimuliert den Sympathikus (aktivierendes autonomes Nervensystem), der wiederum die Produktion von Noradrenalin verstärkt und das Nebennierenmark miteinbezieht. Dort wird Adrenalin ausgeschüttet, welches eine schnelle Aktivierung von Herz, Kreislauf und Atmung bewirkt (Kampf-oder-Flucht-Reaktion). Diese Energie-bereitstellung hilft Herausforderungen zu bewältigen. Auch entstehen neue synaptische Verknüpfungen, wenn bestimmte Verhaltensmuster zur Problemlösung beitragen (Müller & Kröger, 2013). So kann zukünftig in ähnlichen Stress-Situationen schnell darauf zurückgegriffen werden. Hält die Belastung länger an, aktiviert der Organismus die Hypothalamus-Hypophysen-Nebennierenrinden-Achse: Die Nebennierenrinde produziert Cortisol, das in der Lage ist die Blut-Hirn-Schranke zu passieren und neuronale Schaltkreise im Gehirn zu hemmen. Dies ist insofern sinnvoll, dass ineffektive Verhaltensmuster gelöscht und neue Verhaltensweisen aufgebaut werden können. Werden adäquate Lösungen durch fehlende Entspannungsphasen verhindert, ist das harmonische Zusammenspiel der beiden Stress-Achsen gestört und der Organismus erlebt eine chronische Stressreaktion. Diese kann zu Bluthochdruck führen, das Immunsystem schwächen und langfristig Schäden an den Nervenzellen im Gehirn verursachen (Kaluza, 2012; Robles, Glaser & Kiecolt-Glaser, 2005; Sapolsky, 2000). Wie in den meisten Lebensbereichen kommt es also auch beim Thema Stress auf die Dosis an. In Maßen kann die Stressreaktion positiv aktivierend wirken. So wird eine mittlere Belastung mit einer optimalen Leistung in Verbindung gebracht, während zu viel oder zu wenig Anforderung die Leistung schmälern kann (Müller & Kröger, 2013; Yerkes & Dodson, 1908).

Anforderungen, die eine Stressreaktion auslösen, werden als Stressoren bezeichnet (Kaluza, 2012; Müller & Kröger, 2013). Diese können psychischer, physikalischer oder chemischer Natur sein. Eine Anforderung wird durch folgende Faktoren zum Stressor: Intensität und Dauer, Unkontrollierbarkeit, Unvorhersehbarkeit, situative Mehrdeutigkeit/Neuheit und persönliche (negative) Bedeutung. Letztere ist im Rahmen von Stressbewältigungsprogrammen besonders relevant. Unangemessene, unflexible Denk- und Verhaltensweisen können in Bezug auf alltägliche Belastungen zu erhöhten Anspannungen, psychischen und körperlichen Erkrankungen führen. Das rechtzeitige Erlernen von Stress-bewältigungsstrategien kann dem kurz- und langfristig entgegenwirken.

4.2 Inhalt und Struktur des IFT-Programmes

Das präventive Stressmanagement-Programm „Der erfolgreiche Umgang mit täglichen Belastungen" ist für bis zu 12 Teilnehmer geeignet und basiert auf folgenden Elementen der Psychoedukation (Müller, 2013): Informationsvermittlung (z. B. Stressmodell, entstehende und aufrechterhaltende Bedingungen des Stresserlebens, Stressbewältigungsstrategien), emotionale Entlastung (Erfahrungsaustausch, Verständnis fördern) und Hilfe zur Selbsthilfe (bei frühzeitigem Erkennen von Belastungssituationen, Ressourcenaktivierung, Optimierung des Gesundheitsverhaltens). Das Programm besteht in der Regel aus 10 Sitzungen à 90 min und lässt sich in drei Hauptbereiche gliedern: inhaltliche Grundlagen, kurzfristige und langfristige Stressbewältigungsstrategien (Tabelle 1). Ziel ist es, den Teilnehmern schrittweise Kompetenzen im Umgang mit Stress zu vermitteln. Dafür werden zunächst persönliche Stress-Themen untersucht und anschließend verschiedene Techniken erlernt, die es ermöglichen, mit momentanen und zukünftigen Belastungen erfolgreicher umzugehen. Jeder Teilnehmer erhält ein Arbeitsbuch mit relevanten Kursinhalten. Es ist verständlich geschrieben und beinhaltet ein Glossar, in dem wesentliche Fachbegriffe (z. B. Kognition) erklärt werden. Nach jedem Kurstermin erhalten die Teilnehmer Hausaufgaben, sodass selbstständige Lernprozesse und Selbstmanagement-Kompetenzen gefördert werden. Dies kann kurzfristig zu einer Vergrößerung der Belastung führen. In der Regel tragen die vermittelten Strategien jedoch schnell zu einer Entlastung bei. Es wird empfohlen, die Sitzungen im wöchentlichen Abstand durchzuführen. Wichtig ist, dass den Teilnehmern zwischen den Terminen genügend Zeit gegeben wird, gelernte Kursinhalte im Alltag zu üben (Müller, 2013).

Tabelle 1: *Inhalte des IFT-Stressmanagement-Programmes*

Kursabschnitt	Termin	Programmbaustein	Motto
Grundlagen	01	Progressive Muskelentspannung nach Jacobson	Entspannt gelingt Bewältigung besser
	02	Stressanalyse/ Systematische Situationsbeschreibung	Die Bewertung macht den Stress
Kurzfristige Stressbewältigung	03	Technik der Kontrollierten Zuwendung	Zuwendung und Bearbeitung
	04		Anders denken – anders handeln
	05	Technik der Positiven Selbstinstruktion	Die Selbstinstruktions- formel
	06		Umorientierung auf den Punkt gebracht
Langfristige Stressbewältigung	07	Einstellungsänderung; nachhaltige Kognitive Umstrukturierung	Die Bewertung verhindert den Stress
	08	Strategie des Systematischen Problemlösens	Probleme nicht pflegen, sondern lösen
	09	Ressourcenaktivierung zum Belastungsausgleich	Sich helfen und helfen lassen
	10	Zeitmanagement	Die richtigen Dinge zur richtigen Zeit

Der zeitliche Ablauf eines Kurstermins ist in Abbildung 4 dargestellt. Er kann sich geringfügig ändern, je nach inhaltlichem Schwerpunkt der jeweiligen Kursstunde. Beispielsweise ist beim ersten Treffen etwas mehr Zeit für die Einführungsrunde und Entspannung erforderlich. Beim letzten Termin wird die Abschlussrunde verlängert. Das Programm eignet sich für Jugendliche und Erwachsene mit durchschnittlichem Bildungsgrad und psychophysischer Belastbarkeit. Eine akute psychische Krankheit sollte nicht vorliegen. Falls diese jedoch psychotherapeutisch versorgt wird, ist eine Kursteilnahme in Absprache mit dem Therapeuten möglich (Müller, 2013).

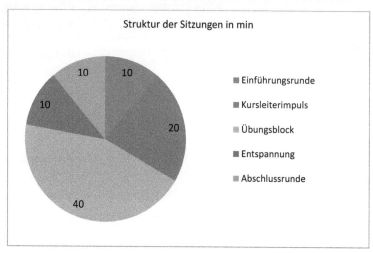

Abbildung 4: Zeitliche Struktur der Kurstermine

Ablauf und Inhalte des IFT-Stressmanagement-Programmes werden aus rechtlichen Gründen nicht detailliert dargestellt. Ausführliche Beschreibungen und anschauliche Beispiele der verschiedenen Stressbewältigungsstrategien sind im dazugehörigen Teilnehmerbuch (Müller & Kröger, 2013) sowie im Kursleitermanual (Müller, 2013) enthalten.

Kurstermin 1: Entspannt gelingt Bewältigung besser

Die Teilnehmer stellen sich und ihre individuellen Stressthemen vor. Sie erhalten einen Überblick über das IFT-Programm. Es werden Regeln zur Gruppendiskussion vereinbart und organisatorische Aspekte geklärt (Müller, 2013). Den Teilnehmern wird die Reaktion des Körpers auf Stress erläutert. Sie erfahren, dass die Stressreaktion biologisch sinnvoll ist und dass Entspannung eine Veränderung dieser Reaktion bewirken kann. In diesem Zusammenhang wird darauf hingewiesen, dass Entspannung lediglich ein geeignetes Mittel gegen Verspannung darstellt, aber allein nicht ausreicht um Stress zu bewältigen. Sie versetzt den Körper in einen physiologischen Ruhezustand. Körperliche Erregung ist jedoch nur die Folge mentaler Aufregung bzw. stresserzeugender Gedanken und Bewertungen (Müller, 2013). Entscheidender ist die Bearbeitung des Stressthemas und der damit einhergehenden (dysfunktionalen) Einstellungen. Es ist jedoch sinnvoll, sich im entspannten Zustand mit diesen Themen auseinanderzusetzen.

Als erste Intervention zur Stressbewältigung erlernen die Teilnehmer die Progressive Muskelentspannung nach Jacobson (PMR; Jacobson, 1938). Regelmäßige Übung vorausgesetzt, ermöglicht diese kurzfristig die Kontrolle unangenehmer Gefühle und langfristig eine günstigere Anpassung an Belastungssituationen (Müller, 2013). Bei der PMR wird durch die bewusste An- und Entspannung bestimmter Muskelgruppen ein tiefer Entspannungszustand des Körpers herbeiführt. Es werden nacheinander einzelne Muskelpartien angespannt, die Anspannung wird kurz gehalten und anschießend wieder gelöst. Der Praktizierende konzentriert sich auf den Wechsel zwischen Anspannung und Entspannung sowie auf die dabei wahrgenommenen Empfindungen. Es wird empfohlen folgende Muskelgruppen einzeln durchzugehen: Hände und Arme, Stirn, Augen und Mund, Schultern und Bauch, Zehen, Beine und Gesäß. Die ausführliche Vorgehensweise wird von Kaluza (2012) sowie von Müller und Kröger (2013) beschrieben. Ziel der PMR ist eine Reduzierung der Muskelanspannung unter das normale Niveau aufgrund einer verbesserten Körperwahrnehmung. Langfristig sollen die Übenden in der Lage sein, einen Entspannungszustand hervorzurufen, wann immer sie dies möchten. Die Kursteilnehmer werden darauf hingewiesen, dass bei der Entspannungsübung ungewohnte Empfindungen auftreten können wie ein Wärme- oder Schweregefühl, ein Kribbeln oder ein Fließen. Es handelt sich dabei um Zeichen für tiefe Entspannung. Falls die Aufmerksamkeit des PMR-Praktizierenden zu wandern beginnt, sollte diese einfach wieder auf die Instruktionen gerichtet werden. Beim ersten Termin wird gemeinsam mit dem Kursleiter die Langversion der PMR eingeübt. Diese und zwei kürzere Instruktionen finden die Teilnehmer auch in ihrem Kursbuch.

Alle Kurstermine enden mit einer inhaltlichen Zusammenfassung durch den Kursleiter sowie mit einem autonomen Feedback der Teilnehmer (Müller, 2013). Das autonome Feedback ist im Gegensatz zum spontanen Feedback individuell vorbereitet (2 bis 3 Sätze) und ermöglicht daher keine Anschlussfloskeln („Ich schließe mich der Meinung meines Vorredners an"). Folgende Fragestellungen können als Anregung dienen: Wie bewerte ich den heutigen Kurstermin? Was habe ich gelernt? Welches Anliegen habe ich für die nächsten Termine? Abschließend werden die Hausaufgaben zum nächsten Termin genannt: tägliches Üben der Langversion der PMR. Dafür wird zunächst ein ruhiger Ort empfohlen. Später kann die PMR mit zunehmender Übungssicherheit verkürzt und in Alltagssituationen getestet werden. Ebenfalls werden die Teilnehmer ermutigt die Evaluationsbögen (Eingangsfragebögen) der IFT-Gesundheitsförderung auszufüllen.

Kurstermin 2: Die Bewertung macht den Stress

Jeder Kurstermin beginnt mit einer Eingangsrunde, in der die Teilnehmer ihre kursrelevanten Erfahrungen (z. B. Hausaufgaben) schildern sowie mit einem Überblick über die jeweilige Kursstunde. Auch wird jedes Mal die PMR trainiert. Themenschwerpunkte des 2. Termins sind die ausführliche Darstellung der Stressreaktion sowie die Einführung in die Stressanalyse. Die Teilnehmer erfahren, dass die Stressreaktion vom Gehirn gesteuert wird und Sympathikus-Nebennierenmark- sowie Hypothalamus-Hypophysen-Nebennierenrinden-Achse daran beteiligt sind, welche bestimmte Stresshormone bereitstellen (Kap. 4.1). Anschließend lernen die Teilnehmer das Transaktionale Stressmodell (Lazarus & Folkman, 1984) kennen und erfahren, dass Stress definiert wird als Belastung, die (a) Bedrohlichkeit und (b) mangelnde Bewältigungskompetenz voraussetzt. In diesem Zusammenhang wird auch auf den Sinnspruch des griechischen Philosophen Epiktet (ca. 50-130 n. Chr.) hingewiesen: „Nicht die Dinge selbst beunruhigen die Menschen, sondern ihre Meinungen und Urteile über die Dinge."

Im Rahmen des kognitiv-verhaltenstherapeutischen Stressmanagement-Konzepts erfahren die Teilnehmer, dass Stresserleben eine gedankliche Bewertung voraussetzt und sehr individuell ist. Es gibt stresserzeugende (z. B. „Arbeitskollegen ändert euch, damit es mir besser geht") und stressreduzierende Einstellungen. Letztere können in folgendem Leitfaden zusammengefasst werden: „Change it, leave it or love it" (Müller, 2013). „Change it" bedeutet: Verändere den Stressor und wirke wenn möglich, auf Umgebungsbedingungen ein, sodass sich die Belastung verringert (z. B. Zeitmanagement). „Leave it" heißt: Verlasse den Stressor (z. B. Umzug, Jobwechsel). Mit „Love it" ist gemeint: Liebe den Stressor, versuche erfolgreich mit ihm umzugehen. Lerne, dich mit den Bedingungen zu arrangieren, (was nicht unbedingt mit einem Gutheißen einhergehen muss).

Zur Stressbewältigung ist eine detaillierte Situations- bzw. Verhaltensanalyse erforderlich, die mit den Teilnehmern zunächst anhand eines fiktiven Beispiels besprochen wird. Wenn die Teilnehmer Vorgehen und Zielsetzung der Stressanalyse verstanden haben, beginnen sie eigene Belastungsthemen zu analysieren (eine konkrete Situation). Dies impliziert die Beobachtung und gezielte Erfassung des eigenen Verhaltens in schwierig erlebten Situationen. Die Stressanalyse wird mit folgendem ABCD-Schema erstellt:

- A = Auslöser
- B = Bewertung
- C = Konsequenz, unterteilt in C1 = Verhalten, C2 = Emotionen, C3 = Körperempfindungen
- D = Danach (Nachwirkung)

Hilfreiche W-Fragen (Was, wann, wo, wer?) erleichtern die Analyse. Auch wird darauf hingewiesen, dass mit dem Begriff Gefühl in der Alltagssprache häufig Gedanken und Bewertungen (z. B. ich fühle mich missverstanden), nicht aber emotionale Befindlichkeiten (z. B. Angst, Ärger) ausgedrückt werden. Dies sollte bei der Erstellung des ABCD-Schemas berücksichtigt werden (Müller, 2013).

Es folgt wieder die PMR (Langversion). Nach einer kurzen Feedback-Runde werden die Hausaufgaben vereinbart: Fertigstellen der Stressanalyse, Anwendung der systematischen Selbstbeobachtung (ABCD-Schema) im Alltag und weiterhin tägliches Üben der PMR.

Kurstermin 3: Zuwendung und Bearbeitung

Das Prinzip kurzfristiger Stressbewältigungsstrategien wird beleuchtet. Diese Strategien sollen schnelle Entlastung bringen, zielen jedoch nicht auf eine langfristige Problemlösung ab (Müller, 2013). Sie helfen den Teilnehmern sich vom akut bestehenden Stressthema zu distanzieren und das Erregungsniveau zu senken. Eine kurzfristige Stressbewältigungsstrategie ist die Technik der Kontrollierten Zuwendung. Sie besteht aus folgenden Schritten: (a) Zäsur, Hinwendung und Kurzentspannung, (b) negative Fokussierung, (c) kognitive Umstrukturierung, (d) Handlungsplan und Handlung, (e) Erfolgskontrolle. Dieses Vorgehen setzt eine konkrete Situationsbeschreibung nach dem ABCD-Schema der

Stressanalyse voraus. Es knüpft an das dysfunktionale Denken, d. h. an die Bewertung (B) an. Zäsur, Hinwendung und Kurzentspannung sollen den Teilnehmer in die Lage versetzen, sich seinem Stressthema gelassener zuzuwenden: Wenn z. B. störende Gedanken wahrgenommen werden, die dafür sorgen, dass eine Tätigkeit nicht fortgeführt werden kann, soll diese Tätigkeit zunächst unterbrochen werden (Zäsur). Die ungeteilte Aufmerksamkeit gilt der Störung (Hinwendung). Entspannung (z. B. eine Atemübung, kurze PMR) erleichtert die Beschäftigung mit dem Störungsthema und reduziert die Belastungsreaktion. Durch negative Fokussierung werden die negativen Aspekte des Problems verstärkt bzw. katastrophisiert (Was kann schlimmstenfalls passieren?). Es ist darauf hinzuweisen, dass ängstliche Teilnehmer diesen Schritt nicht übertreiben sollten. Anschließend werden die negativen Sichtweisen mittels kognitiver Umstrukturierung entkräftet, d. h. es werden entlastende, neue Perspektiven eingenommen. Hierzu kann das BRAIN-Schema genutzt werden (Müller, 2013):

- Bagatellisierung: Die negative Wirkung der Belastung wird durch Bagatellisierung Relativierung, Nivellierung abgeschwächt (z. B. „Es gibt Schlimmeres", „Es gibt Wichtigeres", „Andere haben es noch schwerer").
- Ressourcenabruf: Die eigene Bewältigungsfähigkeit wird bekräftigt. Es wird nach Belegen für gelungene Bewältigung gesucht (z. B. „Ich habe schon ähnliche Situationen bewältigt, das schaffe ich auch").
- Antwortstandpunkt: Es wird ein Perspektivwechsel vollzogen und ein kompetenter Beraterstandpunkt eingenommen (z. B. kann sich der Betroffene vorstellen, was er einem guten Freund in dieser Lage raten würde).
- Ideal-Orientierung: Orientierung an einem Vorbild, an einer geschätzten Person, die ähnliche Belastungen kompetent meistert.
- Neubewertung: Entwicklung neuer Perspektiven zum Stressthema durch rationale Überprüfung, Hinterfragen, Selbstkritik, Realitätscheck (z. B. „Wie wahrscheinlich ist es, dass das befürchtete Ereignis eintritt? Wäre es tatsächlich eine Katastrophe? Wie denke ich in 5 Jahren darüber?").

Die Bezeichnung BRAIN (Gehirn) erinnert zugleich daran, dass entlastende Sichtweisen im Kopf entstehen. Im nächsten Schritt soll ein realistischer kurzer Handlungsplan erstellt werden, der Erleichterung schafft: Was kann sofort getan werden um mit der Situation besser fertigzuwerden? Der Plan sollte einfach ausführbar, kurzfristig umsetzbar, effektiv und zeitnah überprüfbar sein. Bei der Erfolgskontrolle wird überprüft ob die Handlung im konkreten Fall erfolgreich war.

Wenn nicht, wird erneut bei der negativen Fokussierung angesetzt. Ist die Störung in den Hintergrund getreten, war die konkrete Zuwendung erfolgreich und die ursprüngliche Tätigkeit kann wiederaufgenommen werden. Der Kursleiter erläutert diese Vorgehensweise der Kontrollierten Zuwendung anhand eines Beispiels. Anschließend bearbeiten die Teilnehmer ein eigenes Belastungsthema, wobei der erste Schritt (Zäsur, Hinwendung, Kurzentspannung) als erledigt betrachtet und gleich mit der negativen Fokussierung begonnen wird. Es sollen zunächst alle negativen Bewertungen zum jeweiligen Stressthema aufgeschrieben, verstärkt und anschließend mit Hilfe des BRAIN-Schemas entkräftet/widerlegt werden. Die Teilnehmer erstellen auch einen Handlungsplan zur kurzfristigen Entlastung. Fertige Beispiele werden in der Gruppe vorgestellt (Müller, 2013). Anschließend folgt die Entspannungsübung. Nach dem autonomen Feedback werden die Hausaufgaben erläutert: Durchführung der Technik der Kontrollierten Zuwendung, weiterhin Selbstbeobachtung vor, in und nach Stresssituationen (ABCD-Schema) und tägliches Üben der PMR.

Kurstermin 4: Anders denken – anders handeln

Im Mittelpunkt steht die Vertiefung der Technik der Kontrollierten Zuwendung durch ein Rollenspiel (Müller, 2013). Die schriftlichen Ausarbeitungen der Teilnehmer dienen hierfür als Grundlage, wobei die negativen und entlastenden Sichtweisen (für die jeweiligen Rollenspieler gut lesbar) auf Karteikarten übertragen werden. Nachdem der Kursleiter die Teilnehmer anhand eines fiktiven Beispiels auf das Rollenspiel vorbereitet hat, werden verschiedene Szenarien durchgespielt: Der „gestresste" Teilnehmer setzt sich auf einen Stuhl und schildert seine belastende Situation. Zwei weitere Teilnehmer stellen sich rechts und links neben ihm auf und übernehmen die Rollen seiner negativen Fokussierung und der kognitiven Umstrukturierung. Zunächst werden alle Aspekte der negativen Fokussierung und im Anschluss alle kognitiven Umstrukturierungen vom jeweiligen Rollenspieler vorgetragen. In der zweiten Variante findet ein Satz-für-Satz-Wechsel statt, d. h. auf jeweils eine negative Fokussierung folgt ein entlastendes Argument. Die Rollenspiele finden vor der gesamten Gruppe sowie in Dreiergruppen statt. Anschließend werden die Eindrücke der Teilnehmer ausgewertet. Es folgen wieder PMR, Feedback-Runde und Hausaufgaben: Bei Bedarf Durchführung der Technik der Kontrollierten

Zuwendung, weiterhin Selbstbeobachtung vor, in und nach Stresssituationen (ABCD-Schema), tägliches Üben der PMR.

Kurstermin 5: Die Positive Selbstinstruktion

Da es im Alltag nicht immer möglich ist, eine Tätigkeit zu unterbrechen und sich der Störung zu widmen (Kontrollierte Zuwendung), lernen die Teilnehmer eine weitere kurzfristige Stressbewältigungsstrategie kennen, die hierfür besser geeignet ist: Positive Selbstinstruktion. Es handelt sich dabei um (positive) innere Sätze, die Denken, Erleben und Handeln beeinflussen (Müller, 2013). Ziel ist es (in Einzelarbeit), eine individuelle positive Selbstinstruktionsformel zu entwickeln, die in der jeweiligen Belastungssituation eingesetzt werden kann. Der Kursleiter erläutert zunächst die Wirkung der Selbstinstruktion sowie die optimale Vorgehensweise zur Erstellung einer Formel. Er berät die Teilnehmer bei Unklarheiten. Die Formeln sollen später im Alltag erprobt und ggf. optimiert werden.

Eine Selbstinstruktion ist optimalerweise wie folgt formuliert: (a) persönlich relevant, (b) im Präsens, (c) affirmativ, (d) positiv, (e) in Ich-Form, (f) kurz und prägnant, (g) mit einem einzigen Ziel, (h) bildhaft, (i) rhythmisch/mit Reimen, (j) humorvoll. Diese Regeln dienen lediglich als Leitfaden. Es müssen nicht alle Punkte berücksichtigt werden – wichtig sind die ersten drei. Die Erarbeitung einer Selbstinstruktionsformel erfolgt in mehreren Schritten (Müller, 2013):

• Problemformulierung (entspricht dem A aus der ABCD-Stressanalyse)
• Problematische Einstellung (entspricht B)
• Emotionen (entspricht C2)
• Problembild (Konstruktion eines inneren Bildes für das Stressproblem)
• Problemformel (verbale und bildhafte Beschreibung in einer Problemformel)
• Zielzustand, in dem der Teilnehmer mit dem Stressor kompetent umgehen kann
• Schlüsselbegriffe, die die Entlastungsformel enthalten soll
• Erfolgsbild (inneres Bild für den Zielzustand)
• Formelannäherung (vorläufige, ausführliche Formel)
• Kurzformel zur Positiven Selbstinstruktion

Eine Selbstinstruktion kann folgendermaßen aussehen: „Wenn ich in Ruhe überlege, finden sich Lösungen und Wege". Falls einige Teilnehmer bereits ein für ihre Stressthematik passendes Lebensmotto parat haben (z. B. „In der Ruhe liegt die Kraft"), können sie auch dieses bewusst im Alltag testen. Die (vorläufigen) Entwürfe der Selbstinstruktionsformeln werden für eine Besprechung bis zum nächsten Treffen schriftlich festgehalten.

Es erfolgt eine verkürzte Version der PMR. Da beim nächsten Termin ein Ruhebild zur Vertiefung der Entspannung angeschlossen wird, erläutert der Kursleiter kurz dessen Bedeutung. Es handelt sich um eine bildhafte Vorstellung einer Situation oder einer Umgebung, die im subjektiven Erleben u. a. mit Ruhe, Gelassenheit, Zufriedenheit verbunden ist (z. B. Natur, Urlaubsgegend; Müller, 2013).

Die Teilnehmer erhalten folgende Hausaufgaben: Üben der PMR-Kurzform, Auswahl eines passenden Ruhebildes, ggf. Ausarbeitung der individuellen Selbstinstruktionsformel, Anwendung der Positiven Selbstinstruktion im Alltag, weiterhin Selbstbeobachtung nach dem ABCD-Schema.

Kurstermin 6: Umorientierung auf den Punkt gebracht

Die Entwicklung der Positiven Selbstinstruktion wird fortgesetzt. Der Kursleiter stellt erneut ein fiktives Beispiel vor, um letzte Unsicherheiten der Teilnehmer bei der Formelentwicklung zu beseitigen. Vorläufige Formeln sind zu optimieren. Jeder erhält ein Feedback vom Kursleiter. Diejenigen, die bereits eine Formel erstellt haben, können andere Teilnehmer darin unterstützen. Am Ende sollte jeder eine für seine Stressthematik passende Selbstinstruktion erarbeitet haben, die der Gruppe vorgestellt und im Alltag erprobt werden kann (Müller, 2013).

Ab sofort wird die verkürzte PMR mit einem Ruhebild kombiniert. Die Teilnehmer schildern Ihre Erfahrungen mit dem Bild. Folgende Hausaufgaben werden vereinbart: Testen der Selbstinstruktionsformel, PMR mit Ruhebild, Einführung zum nächsten Kursthema (Einstellungsänderung) im Teilnehmerhandbuch lesen.

Kurstermin 7: Die Bewertung verhindert den Stress

Die erste langfristige Stressbewältigungsstrategie wird vorgestellt: Einstellungsänderung. Langfristige Strategien zielen auf Problemlösung ab, d. h. dauerhafte Entlastung. Ihr Ziel ist es, stressauslösende Bedingungen, Einstellungen und Bewertungen zu ändern sowie die eigene Belastbarkeit zu steigern (Müller, 2013). Den theoretischen Hintergrund dieses Programmbausteins bildet die Rational-Emotive-Therapie (RET) nach Ellis (1962). Ebenfalls gibt es Analogien zur Weisheitstherapie (Baumann & Linden, 2011): So sind Perspektivwechsel, Selbstdistanz, Wertrelativismus, Ungewissheitstoleranz sowie Problem- und Anspruchsrelativierung auch im Rahmen der Einstellungsänderung erforderlich.

Die Teilnehmer haben bereits in der zweiten Kurssitzung erfahren, wie Stress definiert ist und dass die kognitive Bewertung eine entscheidende Rolle spielt. Stress kann demzufolge reduziert werden, wenn die Einstellung zum Problem geändert wird. Da Einstellungsänderung ein lebenslanger Prozess ist, gilt: „Der Weg ist das Ziel". Die gelungene Umsetzung dieser und der folgenden langfristigen Strategien (Problemlösen, Ressourcenaktivierung, Zeitmanagement) kann im Kurs nicht mehr überprüft werden, da sich dieser dem Ende neigt und erste Erfolge nicht sofort ersichtlich sind. Der Kursleiter sollte zumindest sicherstellen, dass die Strategien und ihre Logik verstanden werden (Müller, 2013).

Bei der Einstellungsänderung werden die Stressthemen daraufhin überprüft, ob ihnen eine unangemessene Überzeugung oder Weltsicht zugrunde liegt. Stresserzeugende (dysfunktionale) Einstellungen werden durch entlastende Denkweisen ersetzt. Der Begriff Einstellung umfasst u. a. Grundüberzeugungen, Erklärungs- und Deutungsmuster, prinzipielle Sichtweisen, fundamentale Erklärungsmuster, individuelle Wirklichkeitskonstruktion, Selbst-, Menschen- und Weltbild, religiöse und kulturelle Identifikationen (Müller, 2013). Einstellungen werden im Verlauf des Lebens erworben, sind meist unbewusst und automatisiert. Sie bilden den Hintergrund des eigenen Verhaltens und werden selten hinterfragt. Nicht jede Einstellung ist förderlich und hält einer rationalen Überprüfung stand. So handelt es sich um dysfunktionales oder irrationales Denken, wenn Denkweisen dazu führen, dass bestimmte Anforderungen in sozialer Interaktion als bedrohliche und nicht bewältigbare Belastungen erlebt werden (Müller, 2013). Dysfunktionale Einstellungen zeichnen sich aus durch: Katastrophisierung, Verabsolutierung, globale negative Selbst- und Fremdbewertung, niedrige Frustrationstoleranz. Verbreitete irrationale Überzeugungen nach Ellis (1962) sind z. B. die Einstellungen, unbedingt von jedem akzeptiert werden zu müssen oder nur dann als Mensch wertvoll zu sein, wenn eine bestimmte Leistung erbracht wird.

Die Einstellungsänderung erfolgt in 5 Schritten: (a) Identifizieren der belastenden Kognitionen, (b) Identifizieren der negativen Konsequenzen, (c) Überprüfen und Widerlegen der Einstellungen, (d) Erarbeiten entlastender Kognitionen (zum Beispiel mit dem BRAIN-Schema), (e) Anwenden der entlastenden Kognitionen (Müller, 2013). Bei dem Schritt der Überprüfung können sich die Teilnehmer u. a. fragen, ob ihre Denkweise auf Tatsachen beruht, ob sie ihnen hilft die Gesundheit zu erhalten oder eigene Ziele zu erreichen. Der dysfunktionalen Einstellung „Das schaffe ich nie!" kann beispielsweise die rationale Alternative „Momentan fühle ich mich dieser Herausforderung (noch) nicht gewachsen" gegenübergestellt werden.

Es wird darauf hingewiesen, dass sich zunächst eine verstandesmäßige Einsicht einstellt, d. h. die Teilnehmer wissen was an ihrer Einstellung hinderlich war. Dies genügt jedoch noch nicht für eine Einstellungsänderung. Die neue Einstellung muss sich im Alltag erst als erfolgreich herausstellen und auch so erlebt werden (emotionale Einsicht). Erst wenn sich die Teilnehmer mit der neuen Einstellung identifizieren und es ihnen damit emotional besser geht, stellt sich die funktionale Einstellung nach einiger Zeit automatisch (ohne langes Überlegen) ein. Auch wird den Teilnehmern erklärt, dass die (alte) dysfunktionale Einstellung nicht einfach vergessen oder gelöscht werden kann. Es geht darum, die Gewichtung zu ändern: Was zuvor automatisch dysfunktional und irrational war soll jetzt ebenso automatisch funktional und rational ablaufen (Müller, 2013).

Der Kursleiter erläutert Strategie und Vorgehensweise der Einstellungsänderung, wobei dysfunktionales und rationales Denken im Fokus stehen. Er demonstriert die Realitätsprüfung dysfunktionaler Überzeugungen anhand von Beispielen und stellt rationale Alternativen vor. Anschließend wird dieses Vorgehen in Kleingruppen geübt (Müller, 2013). Es erfolgt die Durchführung einer verkürzten PMR mit Ruhebild. Folgende Hausaufgaben werden erteilt: Identifizieren dysfunktionaler Einstellungen und Testen neuer Einstellungen im Alltag, PMR mit Ruhebild.

Kurstermin 8: Probleme nicht pflegen, sondern lösen

Die Teilnehmer lernen die langfristige Stressbewältigungsstrategie des Systematischen Problemlösens kennen. Problem wird definiert als „... ein Hindernis, das überwunden oder umgangen, beseitigt oder verändert werden muss, wenn man von einer unbefriedigenden Ausgangsituation (IST-Zustand) zur befriedigenden Zielsituation (SOLL-Zustand) gelangen möchte" (Müller & Kröger, 2013, S. 46).

Problemen sollte nicht ausgewichen werden, sinnvoller und langfristig erfolgreicher ist es, diese anzunehmen und sich ihnen zu stellen. Eine hilfreiche Struktur bietet die Technik des Systematischen Problemlösens, die aus folgenden

Schritten besteht: (a) Problem definieren, (b) Zielzustand definieren, (c) Lösungen generieren, (d) eine Lösung auswählen, (e) Handlungsplan erstellen, (f) Plan umsetzen und erproben, (g) Plan be- und auswerten (Müller, 2013). Die Problemlösung war erfolgreich, wenn der Zielzustand erreicht werden konnte. Andernfalls wird das eigne Vorgehen hinterfragt und Schritt für Schritt zurückgegangen (z. B. Was kann an welcher Stelle optimiert werden? War der Handlungsplan unrealistisch oder nicht konkret genug? War die ausgewählte Lösung nicht geeignet? Wurde das Problem nicht richtig definiert?). Systematisches Problemösen findet in erster Linie bei materiellen Dingen und Verfahrensfragen Anwendung (z. B. finanzielle Probleme, Autokauf, Umzug, Partnersuche). Probleme die eine Einstellungsänderung (Kurstermin 7) erfordern, sind für diesen Ansatz nicht geeignet (Müller, 2013). Auch gibt es Mischformen, bei denen beide Vorgehensweisen sinnvoll sind (z. B. Partnersuche mit überzogenen Erwartungen).

Der Kursleiter erläutert Ziele und Vorgehensweise dieser Strategie anhand eines fiktiven Beispiels. Gemeinsam werden Probleme identifiziert, die anschließend in Kleingruppen mit der Problemlösestrategie bearbeitet werden sollen. Jeder entwirft einen Handlungsplan. Um die Eigenständigkeit der Teilnehmer zu fördern, wird die Instruktion der sich anschließenden PMR erneut verkürzt. Der Kursleiter erwähnt nur noch einzelne Muskelgruppen sowie die Begriffe Atemkonzentration und Ruhebild (Müller, 2013). Folgende Hausaufgaben werden vergeben: Handlungsplan im Alltag erproben, in Vorbereitung auf den nächsten Termin Arbeitsblätter zu befriedigenden Aktivitäten, Genuss-Momenten und Ressourcen ausfüllen, weiterhin an der Einstellungsänderung arbeiten, verkürzte PMR mit Ruhebild.

Kurstermin 9: Sich helfen und helfen lassen

Das Thema Ressourcenaktivierung steht im Vordergrund. Der Kursleiter erläutert in diesem Zusammenhang drei Möglichkeiten: (Wieder-)Aufnahme befriedigender Aktivitäten, Suche und Annehmen von sozialer Unterstützung, Genuss-Momente erleben (Müller, 2013). Den Teilnehmern wird erklärt, dass befriedigende Aktivitäten unter Belastung häufig vernachlässigt werden: Da die Aufmerksamkeit auf belastende Situationen gerichtet ist, machen (Freizeit-)Aktivitäten, die früher einmal Freude bereitet haben, nur noch selten Spaß. Kontakte zu Mitmenschen nehmen ebenfalls ab, was letztendlich die Belastung vergrößert. Der Ausgleich durch befriedigende, entlastende Aktivitäten fehlt. Es wird daher nicht lediglich an einer Veränderung der Belastungssituation gearbeitet – der Fokus liegt ebenfalls auf Dingen, die Genuss und Freude bereiten. So bietet die Liste befriedigender Aktivitäten Handlungsvorschläge, die zur individuellen Entlastung in verschieden Lebensbereichen beitragen können (u. a. einen Spaziergang machen, Radfahren, Freunde besuchen oder anrufen, ein Bild malen, Musik hören, Gartenarbeit, einfach Faulenzen). Den Teilnehmern wird empfohlen sich nicht gleich zu viele Aktivitäten auf einmal vorzunehmen um Überforderung zu vermeiden. Letztendlich handelt es sich um eine langfristige Stressbewältigungsstrategie deren erfolgreiche Umsetzung mitunter längere Zeit benötigt.

Unter sozialer Unterstützung sind Fremdhilfen zu verstehen, die eine Person durch Kontakte/Beziehungen zu seiner sozialen Umwelt erhält (Müller, 2013). Sie befriedigt nicht nur menschliche Grundbedürfnisse (z. B. Zugehörigkeit, Anerkennung, Sicherheit), sondern trägt auch zur Gesunderhaltung bei. Soziale Unterstützung kann beispielsweise von Freunden, Bekannten, Verwandten oder Kollegen bezogen werden. Es ist dabei nicht relevant, wie viele Sozialkontakte die Teilnehmer haben, sondern wie sie soziale Unterstützung wahrnehmen und gestalten (Müller, 2013). Es werden verschiedene Arten sozialer Unterstützung vorgestellt (u. a. emotionale, materielle Unterstützung). Auch ist darauf hinzuweisen, dass sich soziale Unterstützung unter Umständen negativ auswirken kann (z. B. Schaffung von Abhängigkeiten, Verschlimmerung der Belastungs-situation durch unangemessene Hilfeleistung).

Anschließend erläutert der Kursleiter, dass Genussverhalten die eigene Belastbarkeit erhöhen kann. Auf diesen Aspekt wird nur kurz eingegangen, indem einige Genuss-Regeln vorgestellt werden (z. B. Schaffe dir Zeit für Genuss, Erkenne was dir gut tut, Steigere deinen Genuss durch Achtsamkeit, Suche Genuss im Alltäglichen). Auch gibt es eine Liste mit Anregungen für Genuss-Momente (u. a. Sonne auf dem Körper spüren, sich in ein frisch bezogenes Bett legen, den Sonnenaufgang oder Tiere beobachten, jemanden streicheln oder gestreichelt werden).

Die Teilnehmer stellen die Ergebnisse ihrer Hausaufgabe vor (Ressourcenliste) und berichten welche Freizeitaktivitäten und Genuss-Momente sie zukünftig wieder aufgreifen möchten. Dazu wird eine konkrete, detaillierte Umsetzungsplanung vorgenommen. Anschließend erhalten sie die (optionale) Aufgabe, ihre wesentlichen be- und entlastenden Beziehungen in einem Kontakt-Soziogramm zu veranschaulichen, wobei Personen als Kreise und die Beziehung zu ihnen als Pfeile dargestellt werden. Die Strichbreite der Pfeile kennzeichnet die Kontaktintensität, die Nähe zum Ich-Kreis die Beziehungsintensität (Müller, 2013). Ziel ist es, herauszufinden, welche Personen wichtig für die Entlastung sein könnten bzw. welche Kontakte gezielt zu verstärken oder zu reduzieren sind. Im Anschluss folgt eine kurze PMR, diesmal ohne Anleitung durch den Kursleiter. Die Teilnehmer bekommen folgende Hausaufgaben: Planung und Umsetzung von entlastenden Freizeitaktivitäten sowie Genuss-Momenten, Verstärkung entlastender Sozialkontakte, Weiterarbeit an Einstellungsänderung und Problemlösung, PMR, Ausfüllen des Evaluationsbogens der IFT-Gesundheitsförderung (Abschluss-fragebogen).

Kurstermin 10: Die richtigen Dinge zur richtigen Zeit

Schwerpunkt ist das Thema Zeitmanagement, wobei Stressprobleme in diesem Zusammenhang oftmals Einstellungsprobleme sind und mit Themen wie Prioritätensetzung oder Prokrastination in Verbindung gebracht werden können (Müller, 2013). Teilnehmer, die ihre „Zeitprobleme" auf Entscheidungs-schwierigkeiten oder Aufschiebeverhalten zurückführen können, sollten ihre Stressthemen in erster Linie mit der Strategie der Einstellungsänderung bearbeiten.

Es wird verdeutlicht, dass „die Ressource Zeit … klar und gerecht verteilt [ist]: Jedem Menschen stehen 24 Stunden täglich zur Verfügung" (Müller & Kröger, 2013, S. 60). Das Problem ist nicht die Zeit an sich, sondern in der Regel eine Frage der Einteilung. Daher präsentiert der Kursleiter Techniken, die es ermöglichen, vorhandene Zeit zu strukturieren und effizient zu nutzen. Die Teilnehmer werden ermutigt eigene Erfahrungen einzubringen. Grundprinzipien eines erfolgreichen Zeitmanagements sind (a) Ziele setzen/formulieren, (b) Prioritäten setzen, (c) Aufgaben strukturieren, (d) realistische Ansprüche setzen, (e) Pausen machen, (f) Routinen und Rituale einhalten (Müller, 2013).

Bei der kurz, mittel- und langfristigen Zielformulierung sind die sog. SMART-Regeln sinnvoll (Müller, 2013). Ein Ziel sollte spezifisch, messbar, aktionsorientiert, realistisch und terminiert sein. Bei der Prioritätensetzung wird den Teilnehmern die Eisenhower-Methode empfohlen (Müller, 2013): Anstehende Aufgaben werden in vier Kategorien (A bis D) aufgeteilt, die sich aus der Kombination der Kriterien Wichtigkeit und Dringlichkeit ergeben. Wenig wichtige, nicht dringliche Aufgaben (C, z. B. Werbe-Mails) sollten beispielsweise gelöscht und wenig wichtige, dringliche

Aufgaben delegiert werden (B, z. B. Telefonate). So steht mehr Kapazität für wichtige Aufgaben zur Verfügung. Wichtige, dringliche Aufgaben (A) sind sofort zu erledigen (z. B. Krisenintervention) und wichtige, nicht dringliche Aufgaben (D) erfordern eine konkrete Planung (z. B. Projekte).

Zur Aufgabenstrukturierung wird die ALPEN-Methode vorgeschlagen (Müller, 2013): (a) Aufgaben notieren, (b) Länge schätzen, (c) Pufferzeiten einplanen, (d) Entscheidungen treffen, (e) Nachkontrolle. Erfolgreiches Zeitmanagement setzt realistische Ansprüche voraus. Daher wird auf das GSP-Prinzip (gut statt perfekt) verwiesen. Zur Bewältigung sich wiederholender Aufgaben sollten Routinen genutzt werden (Erledigung bei minimalem Aufwand). Rituale und Rhythmen können dabei helfen, eine Distanz zum Arbeitsalltag zu schaffen (z. B. den folgenden Tag vorbereiten und sich vom Arbeitsplatz verabschieden; Müller, 2013). Nachdem die verschieden Strategien besprochen wurden, überprüfen die Teilnehmer ihre Zeitplanung anhand einer Checkliste. Daraus abgeleitete Änderungsziele werden in der Gruppe vorgestellt.

Es folgt eine verkürzte PMR mit Ruhebild in Eigenregie. In der Abschlussrunde geben die Teilnehmer Rückmeldungen zum gesamten Kurs. Sie sollen sich auch überlegen, welche der erlernten Strategien sie in der nächsten Zeit primär weiterverfolgen oder verbessern möchten (Müller, 2013). Der Kursleiter bedankt sich für das Feedback und die Mitarbeit der Gruppe. Er gibt den Teilnehmern ebenfalls Rückmeldungen, stellt den Bezug zum Gesamtprogramm her, wünscht allen viel Erfolg bei der Umsetzung und erklärt den Kurs für beendet.

Während beim Stressmanagement-Programm die kognitive Komponente im Vordergrund steht, liegt der Schwerpunkt der Biomeditation auf der Entspannung. So nehmen Gesundes Denken und PMR während der Kurstermine vergleichsweise weniger Zeit in Anspruch. Es gibt eine gewisse Ähnlichkeit zwischen dem Gedanken des Annehmens und der Einstellung „love it" (versuche den Stressor zu lieben). Auch der Fokus auf angenehme Aktivitäten und Genussmomente ist vergleichbar mit der bewussten Aufmerksamkeitslenkung auf Dinge, für die es sich lohnt dankbar zu sein. Letztendlich handelt es sich jedoch um grundverschiedene Ansätze der Stressbewältigung. Ob beide Methoden hinsichtlich ihrer Effektivität vergleichbar sind, wird in der folgenden Pilotstudie untersucht.

5 Pilotstudie: Wirksamkeitsvergleich der Bioenergetischen Meditation und des IFT-Stressmanagement-Programmes

Gesundheitsberichte diverser Krankenkassen (AOK, BARMER, BKK, DAK, IKK, TK) verweisen auf die zunehmende Bedeutung psychischer Störungen im Hinblick auf Krankenstand und Arbeitsunfähigkeit (Lademann, Mertesacker & Gebhardt, 2006). Vor diesem Hintergrund steigt gleichzeitig die Relevanz präventiver Maßnahmen, zu denen u. a. Stressmanagement-Programme und Meditationsverfahren (MBSR) zählen. Bisher wurde die Wirksamkeit der Bioenergetischen Meditation nach Viktor Philippi lediglich im Rahmen eines Ein-Gruppen-Vorher-Nachher-Vergleichs überprüft (Kapitel 3.4). In dieser Pilotstudie wird die Meditationsmethode erstmals mit einer Wartekontrollgruppe sowie mit einem bereits wissenschaftlich evaluierten Programm verglichen, das bundesweit von den gesetzlichen Krankenkassen als Präventionsmaßnahme anerkannt ist (Müller, 2013). Die vorliegende Untersuchung kann die Grundlage für hochwertige Studien mit größerer Fallzahl bilden. Im Folgenden werden Studiendesign, Datengewinnung, Interventionen, Messinstrument, Hypothesen sowie statistische Analysen beschrieben.

5.1 Methoden

Es handelt sich um eine nicht-randomisierte, kontrollierte, vierarmige Pilotstudie mit drei Messzeitpunkten. Sie wurde ambulant von März 2013 bis Dezember 2013 in 04924 Bad Liebenwerda und 04157 Leipzig durchgeführt. Verglichen wurden eine Stressmanagement-Gruppe, zwei Biomeditationsgruppen (mit und ohne Massage) sowie eine Wartekontrollgruppe. Letztere hatte nach Beendigung der Studie die Möglichkeit, an einer der drei Interventionen teilzunehmen (ohne Evaluation). Die Datenerhebung erfolgte schriftlich vor der Intervention (Messzeitpunkt 1 = M1), direkt im Anschluss (Messzeitpunkt 2 = M2) sowie drei Monate später (Messzeitpunkt 3 = M3). Erst- und Zweitbefragung fanden vor Ort statt, um ein zeitnahes Ausfüllen des Fragebogens zu gewährleisten. Die Nachbefragung erfolgte postalisch mit frankiertem Rückumschlag.

Jeder Proband unterschrieb vorab eine Einverständniserklärung (Anhang A), die über Studienzweck und Interventionsformen informierte. Den Teilnehmern wurde mitgeteilt, dass es sich nicht um therapeutische Maßnahmen handelt und dass persönliche Angaben im Rahmen der gesetzlichen Bestimmungen des Datenschutzes vertraulich behandelt werden. Um eine Nachbefragung zu ermöglichen, wurde auf der Einverständniserklärung die Adresse der Kursteilnehmer erfragt. Diese wurde nach Abschluss der Studie umgehend gelöscht. Auch sind alle Interessenten darüber informiert worden, dass es sich um eine Pilotstudie handelt.

5.1.1 Datengewinnung

Die Rekrutierung der Stichprobe erfolgte von Februar bis April 2013 über Zeitungsannoncen, Internet und persönliche Ansprache. Es wurden folgende Einschlusskriterien festgelegt: (a) Alter zwischen 16 und 64 Jahren (vor Renteneintritt), (b) subjektiv empfundenes Stresserleben, (c) psychophysische Belastbarkeit, (d) unterschriebene Einverständniserklärung für die Studienteilnahme, (e) rechtzeitige Anmeldung (Anmeldeschluss war der 31.05.2013). Um eine Generalisierbarkeit der Ergebnisse zu gewährleisten, wurden nur wenige Ausschlusskriterien festgelegt: (a) Nichterfüllung der Einschlusskriterien, (b) gleichzeitige Teilnahme an anderen Stressbewältigungs-Kursen oder regelmäßiges Praktizieren weiterer Entspannungsverfahren zum Zeitpunkt der Intervention.

Aus organisatorischen und ethischen Gründen erfolgte keine Randomisierung. Einerseits begann die Intervention für die ersten Teilnehmer bereits vor Anmeldeschluss – andererseits wäre es nicht sinnvoll, Meditations-Interessierte an einem Stressmanagement-Kurs teilnehmen zu lassen, wenn diese dafür wenig Begeisterung zeigen und umgekehrt. So wurde es den Teilnehmern freigestellt für welche Interventionsform sie sich entscheiden. Die Interessenten für die Biomeditation wurden nach Anmeldung wechselnd der einen oder anderen Bedingung zugeteilt (mit/ohne Massage). Probanden der Kontrollgruppe zeigten ebenfalls Interesse für die Interventionsmethoden, konnten aus terminlichen Gründen jedoch nicht innerhalb des Studienzeitraumes teilnehmen.

5.1.2 Interventionen

Alle Interventionen wurden im Zeitraum von März bis September 2013 durchgeführt. Sowohl das Stressmanagement-Programm als auch die Biomeditation mit und ohne Massage umfassten 9 Kurseinheiten à 90 Minuten. Die Sitzungen fanden wöchentlich oder 14-tägig statt (je nach zeitlicher Flexibilität der Probanden). Alle Gruppen hatten denselben, zertifizierten Kursleiter mit mehrjähriger Erfahrung in den Bereichen Biomediation und Stressbewältigung. Auch fanden die Sitzungen für die einzelnen Probanden immer am gleichen Ort statt (vitabalance Leipzig oder Bad Liebenwerda, je nach Wohnortnähe). Die Kosten für die Studienteilnahme waren in allen Interventionsgruppen vergleichbar. Jeder Teilnehmer erhielt nach Studienabschluss einen Gutschein im Wert von 25 Euro, der für diverse Gesundheitsangebote des Unternehmens vitabalance eingesetzt werden kann.

IFT-Stressmanagement-Programm

Die Struktur des Stressmanagement-Programmes wurde in Kapitel 4.2. beschrieben und unterscheidet sich in dieser Studie nur hinsichtlich der Sitzungsanzahl. Aufgrund der kleinen Gruppengrößen (insgesamt 5 Kurse mit bis zu 5 Teilnehmern) konnten die Kursinhalte auf 9 Einheiten verteilt werden, sodass eine bessere Vergleichbarkeit mit den Meditationsgruppen gewährleistet ist. Die kleinen Gruppengrößen kamen aus organisatorischen Gründen zustande. Innerhalb des Studienzeitraumes war es nicht möglich, einen passenden Termin für alle Interessenten zu finden (z. B. unterschiedliche Arbeitszeiten). So fanden drei Stressmanagement-Kurse im wöchentlichen Abstand (9 x 90 min), die beiden anderen 14-tägig als Kompaktversion (4 x 180 und 1 x 90 min) statt. Auch wurde der in Kapitel 4.2. erwähnte Evaluationsbogen der IFT-Gesundheitsförderung in den Fragebogen der Pilotstudie integriert und vor Beginn des Kurses (keine Hausaufgabe) ausgefüllt, da die erste Sitzung bereits eine Intervention darstellt.

Biomeditation mit und ohne bioenergetische(r) Massage

Der Ablauf der Biomediation wurde in Kapitel 3.3 skizziert. Während die Gruppe ohne Massage 60 min auf dem Rücken liegend meditierte, verbrachte die andere

Gruppe die letzten 10 min auf dem Bauch liegend. Ein ängstlicher Teilnehmer, dem es schwerfiel, die Augen während der Meditation zu schließen, konnte seinen Blick anfangs auf einen Punkt fixieren (Derra & Linden, 2011). Die Kleidung wird bei dieser Art der Massage nicht abgelegt. In den ersten beiden Sitzungen sollten sich die Probanden erst einmal mit der Meditationsmethode bzw. der Tiefenentspannung vertraut machen. Ab der dritten Sitzung wurde das Gesunde Denken (Kap. 3.2) eingeführt. Schwerpunkte der einzelnen Sitzungen sind in Tabelle 2 aufgeführt.

Tabelle 2: *Inhaltliche Übersicht der Meditations-Sitzungen*

Kurstermin	Themen für beide Gruppen (15 min)	Intervention
1	Vorstellung der Biomeditation und Beantwortung individueller Fragen	Biomeditation:
2		
3	Einführung in das Gesunde Denken	60 min
4	Dankbarkeit	
5	Vergebung	
6	Annahme	Biomeditation mit bioenergetischer Massage:
7	Selbstvergebung und Selbstannahme	
8	Anderen Gutes wünschen	50 +10 min
9	Zusammenfassung	

Pro Sitzung konnten bis zu 3 Personen gleichzeitig meditieren. Die Termine wurden individuell vereinbart, sodass unter Umständen nicht immer die gleichen Personen zusammen erschienen. Allen Probanden wurde dies vor Beginn der Studie mitgeteilt. Die Meditationstermine gliederten sich wie folgt: Jedes Mal wurde eine Stunde meditiert. In Sitzung 1 und 2 standen die Vorstellung der Methode und die Beantwortung damit verbundener Fragen im Vordergrund. Ab Sitzung 3 wurde vor der Meditation einer der oben genannten Aspekte des Gesunden Denkens besprochen (interaktiv, ca. 15 min). Die Probanden sollten versuchen, das jeweilige Thema in der anschließenden Meditation zu vertiefen (z. B. „Wofür kann ich heute dankbar sein?"). Dabei ging es nicht darum, eine ganze Stunde zu überlegen – ein kurzer Impuls am Anfang der Meditation genügte. Im weiteren Verlauf konnte der Proband seine Gedanken frei fließen lassen. Neben der Zusammenfassung aller Aspekte wurden in der letzten Sitzung auch individuelle Schwierigkeiten in Bezug auf die Meditationsthemen berücksichtigt.

Permanente Hausaufgabe war es, die Biomeditation selbstständig mit (geliehener) Meditations-CD durchzuführen. Wie häufig diese Methode zu Hause praktiziert wird, blieb den Probanden freigestellt um unnötigen Druck und „schlechtes Gewissen" wegen Nichterledigung zu vermeiden. Auch sollte diese Freiheit die Eigenverantwortlichkeit und Selbstmanagement-Kompetenz der Probanden fördern. Die zweite Aufgabe war es, das Gesunde Denken schrittweise in den Alltag zu integrieren. Als Erinnerungsstütze erhielt jeder Teilnehmer ein Handout, auf dem Dankbarkeit, Vergebung und Annahme erläutert wurden. Da Dankbarkeit in der Regel leichter fällt, stand dieses Thema zuerst auf dem Kursplan. Gemeinsam wurden Möglichkeiten der Umsetzung besprochen. Optimal ist es, bestimmte Zeiten für die Übungen einzuplanen, sodass diese langfristig zur Gewohnheit werden. Beispielsweise kann sich der Proband jedes Mal vor dem Einschlafen und/oder nach dem Aufwachen das Thema Dankbarkeit ins Gedächtnis rufen. Auch ist es im Sinne der Verhaltensänderung empfehlenswert eine Notiz mit dem Stichwort „Danke" an gut sichtbare Orte zu kleben (z. B. Badezimmerspiegel). Die Umsetzung erfolgte sehr individuell. So empfand es ein Proband als hilfreich, sich mit dem Lied „Danke für diesen guten Morgen" wecken zu lassen. Vergebung kann beispielsweise erleichtert werden, wenn der Proband symbolisch ein Teelicht für bestimmte Personen anzündet, denen er vergeben oder die er um Vergebung bitten möchte. Anderen Gutes wünschen wurde als Schwerpunkt hinzugenommen, da sich Gedanken und Gefühle gegenseitig beeinflussen. Wenn der Proband bewusst angenehme Gedanken erzeugt, indem er seinen Mitmenschen Gutes wünscht (und somit weniger Groll hegt), wirkt sich dies in der Regel positiv auf seine Stimmung aus. Wichtig war, dass die Probanden den Sinn der Übungen verstanden. Daher begann jede Meditationssitzung mit einer kurzen Eingangsrunde (ca. 10 min), in der relevante Erfahrungen mit der Biomeditation und dem Gesunden Denken berichtet wurden. Dies diente gleichzeitig als Erinnerungsstütze Dankbarkeit, Vergebung und Annahme weiterhin im Alltag zu üben. Am Ende der Sitzung hatten die Meditierenden die Möglichkeit, Fragen zur Biomeditation (z. B. Reaktionen) zu stellen.

5.1.3 Messinstrument und abhängige Variablen

Es wurde der methodische Zugang mittels selbst konzipiertem Fragebogen gewählt. Dieser orientiert sich am Evaluationsbogen des Stressmanagement-Programmes der IFT-Gesundheitsförderung (Kessler, Gallen & Müller, 2011) sowie an einem Erhebungsinstrument, das von den gesetzlichen Krankenkassen zur Evaluation von Präventionskursen eingesetzt wird (Arbeitsgemeinschaft der Spitzenverbände der Krankenkassen, 2008). Der eingesetzte Fragebogen wurde vorab 5 (von der Studie unabhängigen Personen) vorgelegt, die ihn auf Verständlichkeit prüften. Tabelle 3 gibt eine Übersicht der Fragenblöcke. Im Anhang B ist exemplarisch der Eingangsfragebogen enthalten.

Da es sich um eine Pilotstudie handelt, wurde der erstellte Fragebogen allgemein und aus ethischen Gründen möglichst kurz gehalten. Alle Bögen wurden beidseitig bedruckt, sodass es sich max. um 4 Blätter handelte. Dies sollte die Motivation der Teilnehmer zur Mitwirkung an der Befragung erhöhen. Erhoben wurden demographische (u. a. Alter, Geschlecht, Schulabschluss) und gesundheitsrelevante Daten (Vorhandensein gesundheitlicher Probleme, Einnahme von Medikamenten, bisherige Inanspruchnahme von Psychotherapie) sowie Erfahrungen mit Entspannungsverfahren. Auch enthält der Fragebogen einige Kontrollvariablen wie die Teilnahme an Gesundheitskursen vor der Intervention oder belastende Lebensereignisse, die den Erfolg des Kurses beeinflussen könnten. Da die gesundheitsbezogene Lebensqualität ein wesentliches Evaluationskriterium für Interventionen im Präventionsbereich ist (Arbeitsgemeinschaft der Spitzenverbände der Krankenkassen, 2008), wurden einige Fragen des SF-36 (Morfeld, Kirchberger & Bullinger, 2011) verwendet, insbesondere Items der Dimensionen Vitalität, Psyche und Schmerz. Auch wurde eine Frage zur subjektiven Einschätzung des Gesundheitszustands übernommen. Darüber hinaus enthält der Fragebogen Items, die sich auf Gesundes Denken, subjektiv empfundene Lebenszufriedenheit, stressassoziierte Befindlichkeiten sowie auf Freizeit- und Gesundheitsverhalten beziehen.

Tabelle 3: *Fragebogeninhalte*

vollständiges Geburtsdatum (Code u. Altersbestimmung)	E	A	N
Geschlecht	E	A	N
Schulabschluss, Beruf, Familienstand	E		
Fragen zum Gesundheitszustand/Schmerzen	E	A	N
stressassoziierte Befindlichkeiten, Gesundheits-, Freizeitverhalten, Gesundes Denken	E	A	N
Lebenszufriedenheit	E	A	N
stressbezogenes Verhalten	E	A	N
Anzahl Krankheitstage, gesundheitliche Probleme, Medikamente	E	A	N
Inanspruchnahme von Psychotherapie	E		
Erfahrungen mit Entspannungsverfahren	E		
Anwendung von Entspannungsverfahren im Alltag (nach Kursende)		A	
Teilnahme an Gesundheits-Kursen innerhalb der letzten 12 Monate	E		
Krankenkasse	E		
Informationsquellen über die Studie	E		
subjektive Erfolgseinschätzung		A	N
Evaluation des Kurses (Inhalte, Arbeitsatmosphäre etc.)		A	
Anzahl besuchter Kurstermine		A	
Häufigkeit der Anwendung gelernter Techniken/Strategien im Alltag		A	N
Weiternutzung gelernter Techniken/Strategien im Alltag		A	
Gründe, die eine Umsetzung gelernter Strategien im Alltag verhindern		A	N
Weiterempfehlung, gewünschter Abstand der Sitzungen		A	
belastende Lebensereignisse mit Einfluss auf Kurserfolg		A	N
Begründung für Auswahl der Intervention		A	
Anmerkungen (z. B. Nebenwirkungen)	E	A	N

Anmerkung. E = Eingangs-, A = Abschlussfragebogen, N = Nachbefragungsbogen

Das Gesundheitsverhalten beinhaltet Fragen zur Ernährung, Bewegung und zum Umgang mit Stress, die in Anlehnung an die Ziele des Leitfaden Prävention formuliert wurden (Arbeitsgemeinschaft der Spitzenverbände der Krankenkassen, 2008; GKV-Spitzenverband, o.D.). So umfasst das Ernährungsverhalten die Items: (a) ich habe darauf geachtet nicht zu viel zu essen, (b) ich habe täglich frisches Obst/Gemüse gegessen, (c) ich habe mich gesund ernährt. Das Bewegungs-verhalten beinhaltet folgende Items: (a) ich habe Sport getrieben, (b) ich habe mich wenig bewegt, (c) ich hatte Freude an der Bewegung, (d) ich habe Bewegungs-möglichkeiten im Alltag genutzt. Die Items der abhängigen Variable stressbezogenes Verhalten sind in Tabelle 4 dargestellt.

Aus Gründen der Vergleichbarkeit zum IFT-Fragebogen wurde eine 4-stufige, ordinale Skalierung gewählt, wobei jeweils nur die Extrempunkte (z. B. „nie" und „fast täglich") verbal verankert wurden. Die gerade Anzahl an Skalenpunkten unterbindet eine Tendenz zur Mitte. Neben Ratingskalen bestand der Bogen aus einigen Freitextfragen (z. B. Beschreibung gesundheitlicher Probleme). Die Probanden wurden längsschnittlich zu drei Zeitpunkten befragt. Der Eingangsfragebogen war zu Beginn des ersten Treffens auszufüllen, der Schlussfragebogen am Ende der letzten Sitzung. Die Nachbefragung erfolgte postalisch (3 Monate später). Um eine spätere Zuordnung der Bögen zu ermöglichen, wurde das vollständige Geburtsdatum der Probanden abgefragt. Es diente als Code und wurde gleichzeitig zur Altersbestimmung herangezogen. Anzumerken ist, dass Anonymität durch diese Vorgehensweise nur in Ansätzen gewährleistet werden konnte. So wäre es (mit erheblichem Aufwand) theoretisch möglich gewesen, die Geburtsdaten der Probanden herauszufinden. Die Datenerfassung erfolgte zu allen Messzeitpunkten anhand gleicher Variablen. Jede Gruppe erhielt gleiche Eingangsbögen. Der Abschluss- und Nachbefragungsbogen der Kontrollgruppe enthielt keine Fragen zur Kursevaluation. Ziel der Befragung war es, den Einfluss der verschiedenen Interventionen auf die in Tabelle 4 festgelegten abhängigen Variablen (AV) zu untersuchen, wobei die Versuchsgruppe die unabhängige Variable (UV) darstellte. Im folgenden Kapitel werden die entsprechenden Hypothesen beschrieben.

Tabelle 4: *Übersicht der abhängigen Variablen (AV)*

Alle AV beziehen sich auf die letzten 4 Wochen, vor Ausfüllen des Bogens:

- subjektive Einschätzung des allg. Gesundheitszustandes (Rohwert)

- subjektive Einschätzung der allg. Lebenszufriedenheit (Rohwert)

- Vitalität (in Anlehnung an den SF-36); Median der Items: Ich war...
    - müde
    - voller Schwung
    - voller Energie
    - körperlich erschöpft (ohne vorigen Sport)

- Psyche (in Anlehnung an den SF-36); Median der Items: Ich war...
    - ruhig und gelassen
    - glücklich
    - niedergeschlagen
    - entmutigt und traurig
    - sehr nervös

- stressassoziierte Befindlichkeiten; Median der Items: Ich...
    - war allgemein unzufrieden
    - war abgehetzt
    - habe mich (über andere) geärgert
    - habe schlecht geschlafen
    - war unausgeglichen
    - war besorgt
    - war innerlich unruhig
    - hatte gute Laune
    - befand mich unter Zeitdruck
    - war lustlos
    - habe viel gegrübelt
    - war (muskulär) verspannt
    - war gereizt
    - Items der Skalen Vitalität u. Psyche

- Gesundes Denken; Median der Items: Ich..
    - war dankbar
    - konnte (anderen) verzeihen
    - hatte die Gelassenheit, Dinge hinzunehmen, die ich nicht ändern kann

- stressbezogenes Verhalten; Median der Items: Ich...
    - habe die Ursachen von unangenehmen Stress erkannt
    - konnte Stress-Situationen gut bewältigen
    - habe versucht, gegen die Ursachen von Stress etwas zu tun
    - hatte gute Methoden, um mich zu entspannen

Für alle AV wurden Veränderungswerte gebildet, die Verbesserungen, keine Veränderungen oder Verschlechterungen von M1 zu M2 bzw. M1 zu M3 abbilden.

Anmerkung. Der SF-36 ist ein krankheitsunspezifischer Fragebogen zur gesundheitsbezogenen Lebensqualität. M = Messzeitpunkt, AV = Abhängige Variable(n)

5.1.4 Hypothesen

Die Nullhypothese lautet: Es zeigt sich kein signifikanter Unterschied zwischen den 4 Gruppen bzgl. der AV (Tabelle 4), alle entstammen derselben Grundgesamtheit. Die Alternativhypothese lautet: Mindestens eine Gruppe unterscheidet sich hinsichtlich der AV signifikant von den anderen, wobei angenommen wird, dass sich die Interventionsgruppen signifikant von der Kontrollgruppe unterscheiden.

Da es sich bei dem Stressmanagement-Programm um ein evaluiertes Verfahren handelt und die in Kapitel 3.4 vorgestellten Studienergebnisse eine Wirksamkeit der Biomeditation nahelegen, wird weiterhin angenommen, dass es signifikante Veränderungen innerhalb der Interventionsgruppen gibt (Alternativhypothese). Die zweite Nullhypothese besagt daher: Es gibt keine statistisch bedeutsamen Unterschiede zwischen den Messzeitpunkten innerhalb der Interventionsgruppen; die zugrunde liegenden Verteilungen sind identisch.

Aufgrund der in Kapitel 3.2.4 dargestellten Forschungsergebnisse wird ein positiver, linearer Zusammenhang zwischen der Variable Gesundes Denken und den Variablen subjektiv eingeschätzter Gesundheitszustand sowie allg. Lebenszufriedenheit erwartet (Alternativhypothese). Die dritte Nullhypothese lautet dementsprechend: Es besteht kein signifikant positiver, linearer Zusammenhang zwischen den genannten Variablen bzw. der Korrelationskoeffizient ist in der Grundgesamtheit nicht größer als Null.

5.1.5 Statistische Analysen

Die statistische Datenanalyse erfolgte mit dem Programm IBM SPSS Statistics (Version 21). Die Rohdaten wurden zunächst in Microsoft Excel eingegeben und anschließend in das SPSS-Datenformat übertragen. Invertierte Items wurden umcodiert, sodass globale Werte (Median) gebildet werden konnten. Bei der Eingabe ordinalskalierter Daten wurde festgelegt, dass kleinere Werte mit besseren Merkmalsausprägungen einher gehen. Fehlende Daten wurden nicht ersetzt. Hierzu ist anzumerken, dass jeder Proband alle relevanten Fragen beantwortete. Fehlende Daten gab es nur aufgrund der wenigen Studienabbrüche (Kap. 5.2.1). Baseline-Angaben wurden für kategoriale Daten in absoluten Häufigkeiten, für kontinuierliche Daten als Mittelwerte und Standardabweichung dargestellt.

Zusammenhänge zwischen nominalen Daten wurden mit dem Chi-Quadrat-Test nach Pearson analysiert. Für parametrische Verfahren (z. B. einfaktorielle Varianzanalyse) wurden vorab die Anwendungsvoraussetzungen überprüft. So wurden für intervallskalierte Variablen der Levene-Test auf Varianzhomogenität sowie der Kolmogorov-Smirnov-Test auf Normalverteilung durchgeführt. Die statistische Auswertung der ordinalskalierten Daten erfolgte mit dem Kruskal-Wallis-Test für Vergleiche zwischen den Gruppen und dem Friedman-Test für Vergleiche innerhalb der einzelnen Gruppen. Paarvergleiche zwischen zwei Gruppen erfolgten mittels Mann-Whitney-U-Test. Auch wurde die Korrelation nach Spearman zur Hypothesen-Testung herangezogen. Zur Analyse von Veränderungen der Merkmalsausprägungen über einen definierten Zeitraum (M1 zu M2 bzw. M1 zu M3) wurden neue Variablen gebildet, die Verbesserungen, keine Veränderungen oder Verschlechterungen abbilden. Diese Veränderungswerte wurden für einen Vergleich zwischen den Gruppen herangezogen. Die Signifikanzprüfung erfolgte grundsätzlich auf einem Alphaniveau von $\alpha = .05$. Getestet wurde zweiseitig, bei Korrelationsanalysen auch einseitig. Alle gewählten Verfahren werden von Brosius (2013) beschrieben.

Für nichtparametrische Verfahren gibt es keine eigenen Prozeduren zur Bestimmung von Effekt- und Teststärken (Rasch, Friese, Hofmann & Naumann, 2010). Da eine Orientierung an parametrischen Methoden nur ungenaue Schätzungen liefert, wurde auf die Berechnung verzichtet.

5.2 Ergebnisse

In den folgenden Kapiteln werden die Stichprobe der Pilotstudie, deskriptive Daten sowie Ergebnisse der Hypothesen-Testung vorgestellt. Auch wird auf explorative Analysen eingegangen.

5.2.1 Stichprobe und Baseline-Daten

93 Personen meldeten sich telefonisch, per E-Mail oder wandten sich direkt an den Kursleiter. Lediglich einer erfüllte die Einschlusskriterien nicht (Altersgrenze überschritten). Demzufolge wurden 92 Probanden in die Studie aufgenommen (Abbildung 5). Es erfolgte keine Randomisierung. In der Kontrollgruppe schieden

2 von 24 Probanden aus der Studie aus. Einer nach der Erstbefragung, ein weiterer nach der Zweitbefragung. Beide konnten nicht mehr kontaktiert werden. Von 23 Probanden der Stressmanagement-Gruppe brach einer den Kurs aus beruflichen Gründen ab (nach der Erstbefragung). In den Meditationsgruppen beendeten alle 23 bzw. 22 Teilnehmer die Studie planmäßig. Als protokollgerechte Studienteilnahme galt die Anwesenheit der Probanden an mindestens 6 von 9 Kurseinheiten. Dieses Kriterium wurde vor der statistischen Analyse festgelegt und von allen verbliebenen Probanden erfüllt. In jeder Interventionsgruppe nahmen über 75 % an allen Sitzungen teil. Insgesamt lagen für 89 von 92 Studienteilnehmern Daten zu allen 3 Messzeitpunkten vor. Die Drop-Out-Rate betrug rund 3,3 %.

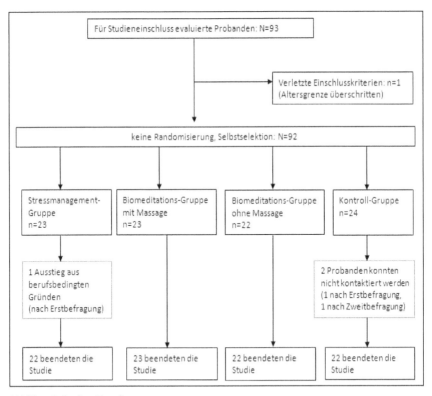

Abbildung 5: Studien-Flussdiagramm

Anmerkung. n = Anzahl der Probanden

Die Stichprobe umfasste 92 Probanden aus Bad Liebenwerda und Leipzig, darunter 50 Frauen und 42 Männer (Abbildung 6). Der jüngste Teilnehmer war 17, der älteste 63 Jahre alt. Die genaue Altersverteilung in den Gruppen ist in Tabelle 5 dargestellt.

Tabelle 5: *Altersverteilung in den Gruppen (Geburtsjahr)*

	MW	SD	Minimum	Maximum
Stressmanagement-Programm (n=23)	1974,26	11,157	1955	1992
Biomeditation mit Massage (n=23)	1972,70	11,764	1952	1990
Biomeditation ohne Massage (n=22)	1970,00	12,925	1950	1996
Kontrollgruppe (n=24)	1972,00	11,673	1954	1990
Gesamtstichprobe (N=92)	1972,26	11,784	1950	1996

Anmerkung. n = Anzahl der Probanden, MW = Mittelwert, SD = Standardabweichung;

Test: einfaktorielle ANOVA: p=.685; F = 0,497; df = 3,88

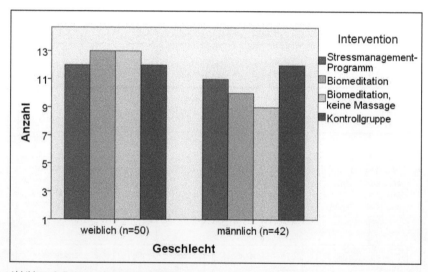

Abbildung 6: Gruppenzusammensetzung

Anmerkung. n = Anzahl der Probanden

Jeweils über 20 % der Gesamtstichprobe hatten Abitur oder einen Hochschulabschluss. Am häufigsten wurde der Abschluss Mittlere Reife angegeben (über 50 %). Ca. 70 % der Studienteilnehmer waren erwerbstätig, rund 9 % arbeitslos (Abbildung 7). Die Probanden berichteten von unterschiedlichen gesundheitlichen Beschwerden, die sich hinsichtlich des Schweregrades gleichmäßig auf alle Gruppen verteilten (z. B. Nacken- und Schulterverspannungen, Rückenleiden, diverse Schmerzen, Allergien, Bluthochdruck, depressive Verstimmung, Migräne, Schilddrüsenprobleme, Tinnitus, Herzrhythmusstörungen, Gehirntumor, Fibromyalgie).

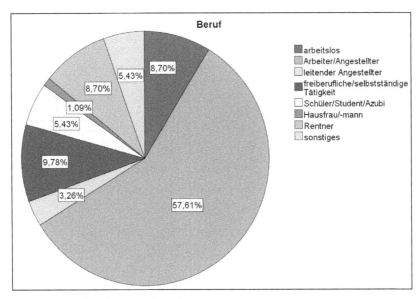

Abbildung 7: Berufliche Position der Probanden

Zu Studienbeginn (baseline) gab es bzgl. demographischer und gesundheits-bezogener Daten keine signifikanten Unterschiede zwischen den Gruppen (Tabelle 6). Auch unterschieden sich die Gruppen nicht hinsichtlich der AV (allg. Gesundheitszustand, Lebenszufriedenheit, Vitalität, Psyche, stressassoziierte Befindlichkeiten, stressbezogenes Verhalten, Gesundes Denken) und anderer relevanter Aspekte wie Ernährungs-, Bewegungs-, Freizeitverhalten, Häufigkeit und Stärke von Schmerzen (Tabellen C-1 bis C-4). Die Kontrollgruppe wies im Vergleich zu den Interventionsgruppen jedoch niedrigere mittlere Ränge auf.

Tabelle 6: *Baseline-Daten der Stichprobe*

	IFT-Programm (n=23)	Biomeditation (n=23)	Biomeditation k. M. (n=22)	KG (n=24)	p-Wert; Chi-Quadrat (df)
Geschlecht, n (%)					.925; 0,470 (3)
weiblich	12 (52,2)	13 (56,5)	13 (59,1)	12 (50)	
männlich	11 (47,8)	10 (43,5)	9 (40,9)	12 (50)	
Wohnort, n (%)					.622; 1,766 (3)
Leipzig	8 (34,8)	12 (52,2)	10 (45,5)	9 (37,5)	
Bad Liebenwerda	15 (65,2)	11 (47,8)	12 (54,5)	15 (62,5)	
Schulabschluss, n (%)					.444; 2,680 (3)
Hochschulabschluss	4 (17,4)			1 (4,2)	
Abitur/EOS	4 (17,4)	12 (52,2)	10 (45,5)	11 (45,8)	
Mittlere Reife/POS	14 (60,9)	7 (30,4)	4 (18,2)	6 (25)	
Hauptschulabschluss	1 (4,3)	4 (17,4)	8 (36,4)	6 (25)	
Erfahrung mit EV, n (%)					.380; 3,079 (3)
ja	15 (65,2)	15 (65,2)	18 (81,8)	14 (58,3)	
nein	8 (34,8)	8 (34,8)	4 (18,2)	10 (41,7)	
GK im Vorjahr, n (%)					.699; 1,427 (3)
ja	5 (21,7)	7 (30,4)	6 (27,3)	4 (16,7)	
nein	18 (78,3)	16 (69,6)	16 (72,7)	20 (83,3)	
ges. Probleme, n (%)					.142; 5,439 (3)
ja	17 (73,9)	21 (91,3)	17 (77,3)	15 (62,5)	
nein	6 (26,1)	2 (8,7)	5 (22,7)	9 (37,5)	
Medikamente, n (%)					.133; 5,594 (3)
ja	17 (73,9)	17 (73,9)	15 (68,2)	11 (45,8)	
nein	6 (26,1)	6 (26,1)	7 (31,8)	13 (54,2)	

Anmerkung. Prozentwerte wurden gerundet. Test: Chi-Quadrat (keine Zelle mit erwarteter Häufigkeit kleiner 5), außer Schulabschluss: Kruskal-Wallis; KG = Kontrollgruppe, n = Anzahl der Probanden, ges. = gesundheitlich, k. M. = keine Massage, POS/EOS = Polytechnische/Erweiterte Oberschule, EV = Entspannungsverfahren, GK = Gesundheitskurs, IFT = Institut für Therapieforschung, p-Wert = asymptotische Signifikanz, df = Freiheitsgrade

5.2.2 Deskriptive Statistiken und Hypothesen-Testung

Die absoluten Häufigkeiten der Variablen allg. Gesundheitszustand und Lebenszufriedenheit sind in den Tabellen 7 und 8 dargestellt. Deskriptiv ist erkennbar, dass diese beiden Aspekte von den Probanden nach Abschluss der Intervention sowie auch 3 Monate später besser eingeschätzt wurden als zu Studienbeginn. In der Kontrollgruppe gab es kaum Veränderungen. Zum Messzeitpunkt 2 und 3 zeigten sich hinsichtlich der AV (außer Variable Psyche) signifikante Unterschiede zwischen den Gruppen (Kruskal-Wallis-Test). Die Kontrollgruppe wies jeweils die höchsten mittleren Ränge auf (Tabellen D-1 bis D-6). Diese gehen mit schlechteren Werten einher.

Tabelle 7: *Subjektive Einschätzung des allg. Gesundheitszustandes (M1 bis M3)*

	IFT-Programm (n=23)	Biomeditation (n=23)	Biomeditation k. M. (n=22)	KG (n=24)	p-Wert; Chi-Quadrat (df)
M 1					
Gesundheitszustand, n (%)					.392; 2,997 (3)
sehr gut	1 (4,3)	1 (4,3)	1 (4,5)	3 (12,5)	
gut	8 (34,8)	7 (30,4)	8 (36,4)	10 (41,7)	
weniger gut	11 (47,8)	10 (43,5)	10 (45,5)	9 (37,5)	
schlecht	3 (13)	5 (21,7)	3 (13,6)	2 (8,3)	
M 2					
Gesundheitszustand, n (%)					.004; 13,348(3)
sehr gut	2 (8,7)	7 (30,4)	7 (31,8)	1 (4,2)	
gut	16 (69,6)	12 (52,2)	12 (54,5)	11 (45,8)	
weniger gut	4 (17,4)	4 (17,4)	3 (13,6)	8 (33,3)	
schlecht				3 (12,5)	
fehlende Werte	1 (4,3)			1 (4,2)	
M 3					
Gesundheitszustand, n (%)					.042; 8,222 (3)
sehr gut	2 (8,7)	4 (17,4)	5 (22,7)	1 (4,2)	
gut	11 (47,8)	13 (56,5)	11 (50,0)	9 (37,5)	
weniger gut	8 (34,8)	6 (26,1)	6 (27,3)	8 (33,3)	
schlecht	1 (4,3)			4 (16,7)	
fehlende Werte	1 (4,3)			2 (8,3)	

Anmerkung. Im Fragebogen waren auf der 4-stufigen Skala nur die Extrempunkte verbal verankert. Prozentwerte wurden gerundet. Testverfahren: Kruskal-Wallis, Gruppenvariable Intervention; KG = Kontrollgruppe, n = Anzahl der Probanden, k. M. = keine Massage, IFT = Institut für Therapieforschung, M = Messzeitpunkt, p-Wert = asymptotische Signifikanz, df = Freiheitsgrade

Tabelle 8: *Ausprägung der allg. Lebenszufriedenheit (M1 bis M3)*

	IFT-Programm (n=23)	Biomeditation (n=23)	Biomeditation k. M. (n=22)	KG (n=24)	p-Wert; Chi-Quadrat (df)
M 1					
Zufriedenheit mit dem Leben insgesamt, n (%)					.111; 6,014 (3)
fast täglich	3 (13)		1 (4,5)	2 (8,3)	
häufig	8 (34,8)	8 (34,8)	7 (31,8)	15 (62,5)	
selten	12 (52,2)	13 (56,5)	12 (54,5)	4 (16,7)	
nie		2 (8,7)	2 (9,1)	3 (12,5)	
M 2					
Zufriedenheit mit dem Leben insgesamt, n (%)					.004; 13,345 (3)
fast täglich	6 (26,1)	12 (52,2)	10 (45,5)	3 (12,5)	
häufig	14 (60,9)	11 (47,8)	9 (40,9)	13 (54,2)	
selten	2 (8,7)		3 (13,6)	5 (20,8)	
nie				2 (8,3)	
fehlende Werte	1 (4,3)			1 (4,2)	
M 3					
Zufriedenheit mit dem Leben insgesamt, n (%)					.022; 9,667 (3)
fast täglich	4 (17,4)	11 (47,8)	6 (27,3)	4 (16,7)	
häufig	13 (56,5)	9 (39,1)	13 (59,1)	8 (33,3)	
selten	5 (21,7)	3 (13)	3 (13,6)	7 (29,2)	
nie				3 (12,5)	
fehlende Werte	1 (4,3)			2 (8,3)	

Anmerkung. Im Fragebogen waren auf der 4-stufigen Skala nur die Extrempunkte(fast täglich und nie) verbal verankert. Prozentwerte wurden gerundet. Testverfahren: Kruskal-Wallis, Gruppenvariable Intervention; KG = Kontrollgruppe, n = Anzahl der Probanden, k. M. = keine Massage, IFT = Institut für Therapieforschung, M = Messzeitpunkt, p-Wert = asymptotische Signifikanz, df = Freiheitsgrade

Erwartungsgemäß ergab der Friedman-Test innerhalb der Interventionsgruppen signifikante Veränderungen im längsschnittlichen Verlauf der Befragung, wobei die besten Ergebnisse in der Regel direkt nach der Intervention (M2) erreicht wurden. Nach 3 Monaten (M3) waren die Werte ebenfalls besser als zu Beginn der Studie. Die mittleren Ränge der einzelnen Messzeitpunkte sind in den Tabellen D-7 bis D-13 dargestellt. Bezüglich der AV gab es in allen Interventionsgruppen statistisch bedeutsame Verbesserungen. Positive Veränderungen hinsichtlich der Variable Gesundes Denken konnten nur für die Biomeditationsgruppen nachgewiesen werden, was für die Wirksamkeit dieser Intervention spricht (In der Stressmanagement-Gruppe wurde die Theorie des Gesunden Denkens nicht thematisiert). Um gleichzeitig Messwiederholung und Unterschiede zwischen den 4 Gruppen berücksichtigen zu können, wurden neue Variablen erstellt, die die Veränderungen von M1 zu M2 sowie von M1 zu M3 innerhalb der jeweiligen Gruppen abbilden (Verbesserung, keine Veränderung, Verschlechterung). Diese Veränderungswerte konnten zum Vergleich zwischen den Gruppen herangezogen werden (Kruskal-Wallis-Test). Die Verbesserungsraten pro Gruppe sind in den folgenden Balkendiagrammen dargestellt (Abbildungen 8 bis 14). Deskriptiv ist eine Überlegenheit der drei Interventionsgruppen gegenüber der Kontrollgruppe erkennbar. Die statistische Analyse ergab hinsichtlich aller AV signifikante Unterschiede zwischen den Gruppen. Damit kann die Nullhypothese – unter deren Annahme die zugrundeliegenden Verteilungen der untersuchten Gruppen identisch sind – zurückgewiesen werden. Die Signifikanzwerte sind jeweils für beide Veränderungswerte (M1 zu M2 und M1 zu M3) unter den Abbildungen 8 bis 14 angegeben.

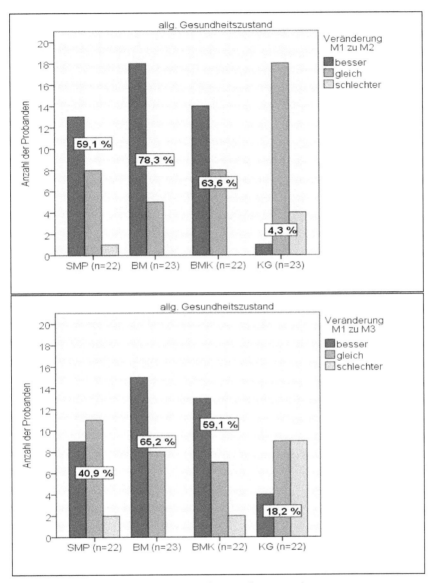

Abbildung 8: Verbesserungsraten der Variable allg. Gesundheitszustand

Anmerkung. Prozentwerte beziehen sich auf blaue Balken, M = Messzeitpunkt, n = Anzahl, SMP = Stress-management-Programm, BM(K) = Biomeditation(keine Massage), KG = Kontrollgruppe; Kruskal-Wallis-Test, Gruppenvariable Intervention (M1zuM2/M1zuM3): Chi-Quadrat (df) = 30,976/17,581 (3); p = .000/.001

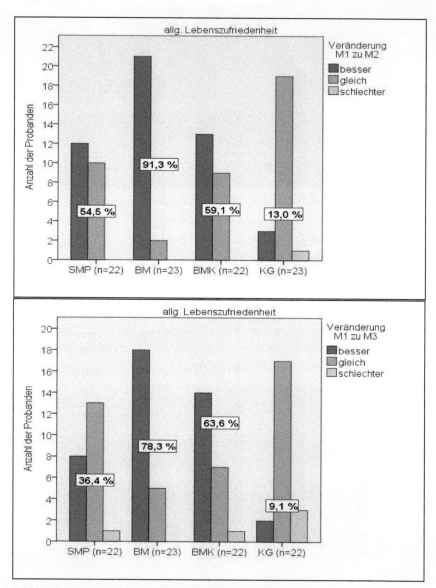

Abbildung 9: Verbesserungsraten der Variable allg. Lebenszufriedenheit

Anmerkung. Prozentwerte beziehen sich auf blaue Balken, M = Messzeitpunkt, n = Anzahl der Probanden, SMP = Stressmanagement-Programm, BM(K) = Biomeditation(keine Massage), KG = Kontrollgruppe; Kruskal-Wallis-Test, Gruppenvariable Intervention (M1zuM2/M1zuM3): Chi-Quadrat (df) = 28,991/25,270 (3); p = .000

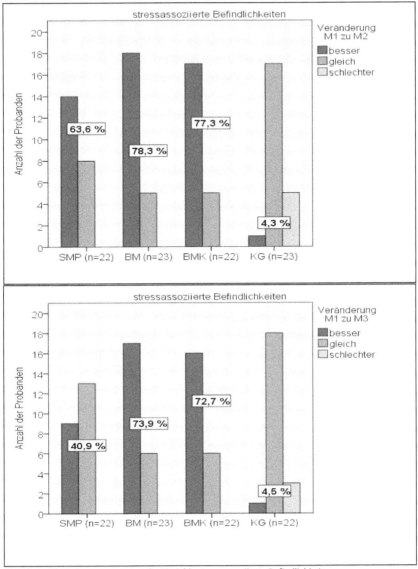

Abbildung 10: Verbesserungsraten der Variable stressassoziierte Befindlichkeiten

Anmerkung. Prozentwerte beziehen sich auf blaue Balken, M = Messzeitpunkt, n = Anzahl der Probanden,

SMP = Stressmanagement-Programm, BM(K) = Biomeditation(keine Massage), KG = Kontrollgruppe; Kruskal-

Wallis-Test, Gruppenvariable Intervention (M1zuM2/M1zuM3): Chi-Quadrat (df) = 37,781/30,924 (3); p = .000

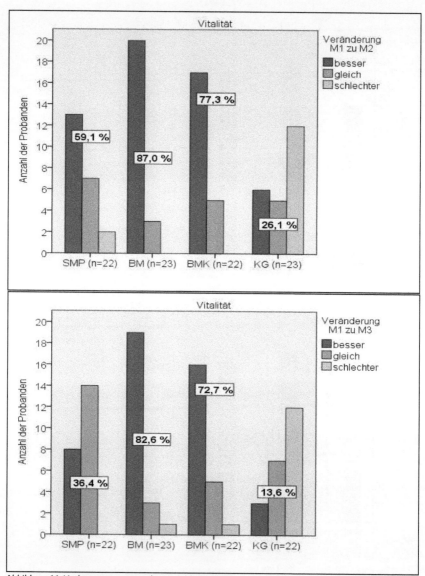

Abbildung 11: Verbesserungsraten der Variable Vitalität

Anmerkung. Prozentwerte beziehen sich auf blaue Balken, M = Messzeitpunkt, n = Anzahl der Probanden,

SMP = Stressmanagement-Programm, BM(K) = Biomeditation(keine Massage), KG = Kontrollgruppe; Kruskal-

Wallis-Test, Gruppenvariable Intervention (M1zuM2/M1zuM3): Chi-Quadrat (df) = 27,623/33,183 (3); p = .000

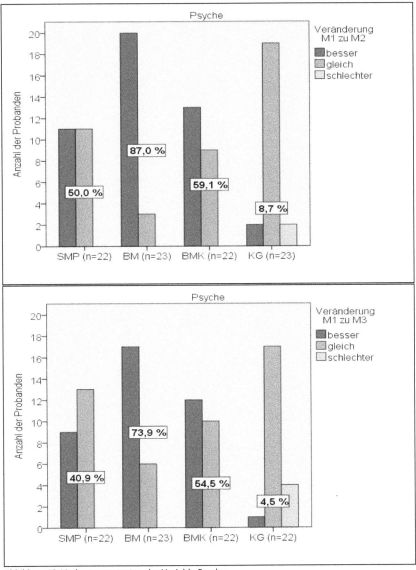

Abbildung 12: Verbesserungsraten der Variable Psyche

Anmerkung. Prozentwerte beziehen sich auf blaue Balken, M = Messzeitpunkt, n = Anzahl der Probanden, SMP = Stressmanagement-Programm, BM(K) = Biomeditation(keine Massage), KG = Kontrollgruppe; Kruskal-Wallis-Test, Gruppenvariable Intervention (M1zuM2/M1zuM3): Chi-Quadrat (df) = 30,099/27,087; p = .000

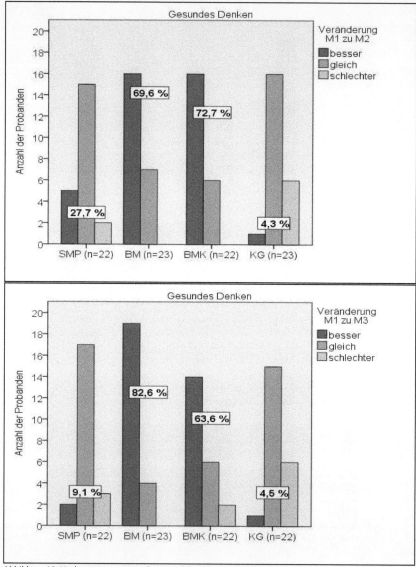

Abbildung 13: Verbesserungsraten der Variable Gesundes Denken

Anmerkung. Prozentwerte beziehen sich auf blaue Balken, M = Messzeitpunkt, n = Anzahl der Probanden,

SMP = Stressmanagement-Programm, BM(K) = Biomeditation(keine Massage), KG = Kontrollgruppe; Kruskal-

Wallis-Test, Gruppenvariable Intervention (M1zuM2/M1zuM3): Chi-Quadrat (df) = 35,683/39,257 (3); p = .000

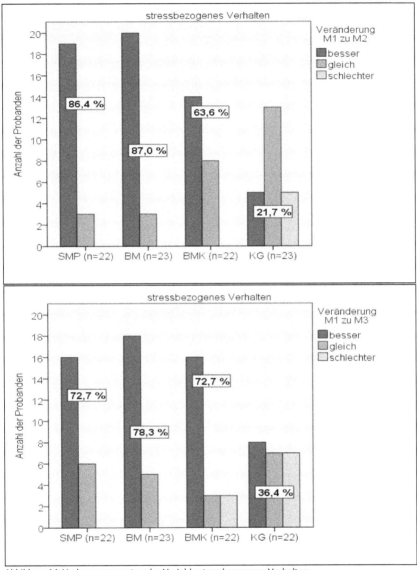

Abbildung 14: Verbesserungsraten der Variable stressbezogenes Verhalten

Anmerkung. Prozentwerte beziehen sich auf blaue Balken, M = Messzeitpunkt, n = Anzahl, SMP = Stress-

management-Programm, BM(K) = Biomeditation(keine Massage), KG = Kontrollgruppe; Kruskal-Wallis-Test,

Gruppenvariable Intervention (M1zuM2/M1zuM3): Chi-Quadrat (df) = 30,549/13,549 (3); p = .000/.004

Für den Kruskal-Wallis-Test existieren keine gängigen Post-Hoc-Verfahren um signifikante Ergebnisse genauer zu untersuchen (Rasch et al., 2010). Daher wurden die Gruppen paarweise mittels Mann-Whitney-U-Test verglichen. Folgendes Kriterium wurde festgelegt um eine Überlegenheit der einen über die andere Interventionsgruppe anzunehmen: Es gibt sowohl zu Messzeitpunkt 2 als auch zu Messzeitpunkt 3 signifikante Unterschiede hinsichtlich einzelner abhängiger Variablen (Tabelle 4). Die Biomeditationsgruppen mit und ohne Massage unterschieden sich in allen AV signifikant von der Kontrollgruppe. Zwischen Kontroll- und Stressmanagement-Gruppe gab es lediglich hinsichtlich der Variable Gesundes Denken keine Unterschiede, wenn beide Messzeitpunkte berücksichtigt werden. Eine Überlegenheit der Biomeditations-Gruppe mit Massage über die Stressmanagement-Gruppe zeigte sich in folgenden Bereichen: Vitalität (p=.030), Psyche (p=.027), Lebenszufriedenheit (p=.006) und Gesundes Denken (p=.001). Die ersten beiden Signifikanzwerte sollten aufgrund der Alpha-Fehlerkumulierung durch multiples Testen (Rasch et al., 2010) nicht überbewertet werden. Die Biomeditations-Gruppe ohne Massage erzielte im Vergleich zur Stressmanagement-Gruppe nur bessere Ergebnisse in Bezug auf die Variable Gesundes Denken (p=.001). Zwischen beiden Biomeditations-Gruppen kann gemäß dem festgelegten Kriterium keine Überlegenheit der einen über die andere Variante (mit versus ohne Massage) angenommen werden.

In den Tabellen 9 bis 11 sind die Ergebnisse der Korrelationsanalyse nach Spearman (einseitige Testung) dargestellt. Für die Interpretation des Korrelationskoeffizienten (bzw. der Stärke eines Zusammenhanges zwischen Variablen) gibt es keine allgemeingültigen Regeln. Zur Orientierung schlägt Brosius (2013, S. 523) Richtlinien vor, auf dessen Grundlage positive mittlere Korrelationen (r = .4 bis r = .6) zwischen dem Gesunden Denken und dem allg. Gesundheitszustand bzw. der allg. Lebenszufriedenheit nachgewiesen werden konnten. Vor der Intervention (M1) fallen diese Korrelationen schwächer aus. Die positiven linearen Zusammenhänge zwischen den einzelnen Aspekten des Gesunden Denkens (Dankbarkeit, Vergebung, Annahme) sind in den Tabellen D-14 bis D-16 enthalten. Zum Messzeitpunkt 2 ergibt sich eine starke Korrelation zwischen Dankbarkeit und Lebenszufriedenheit (r=.709).

Tabelle 9: *Korrelationsanalyse nach Spearman (M1)*

M1	MED Gesundes Denken	allg. Gesundheitszustand	allg. Lebenszufriedenheit
MED Gesundes Denken		.339**	.488**
allg. Gesundheitszustand	.339**		.596**
allg. Lebenszufriedenheit	.488**	.596**	

Anmerkung. N = 92; MED = Median; M = Messzeitpunkt; Korrelationskoeffizient: Spearman-Rho;
**Die Korrelation ist auf dem 0,01 Niveau signifikant (einseitig).

Tabelle 10: *Korrelationsanalyse nach Spearman (M2)*

M2	MED Gesundes Denken	allg. Gesundheitszustand	allg. Lebenszufriedenheit
MED Gesundes Denken		.593**	.671**
allg. Gesundheitszustand	.593**		.553**
allg. Lebenszufriedenheit	.671**	.553**	

Anmerkung. N = 90; MED = Median; M = Messzeitpunkt; Korrelationskoeffizient: Spearman-Rho;
**Die Korrelation ist auf dem 0,01 Niveau signifikant (einseitig).

Tabelle 11: *Korrelationsanalyse nach Spearman (M3)*

M3	MED Gesundes Denken	allg. Gesundheitszustand	allg. Lebenszufriedenheit
MED Gesundes Denken		.534**	.611**
allg. Gesundheitszustand	.534**		.563**
allg. Lebenszufriedenheit	.611**	.563**	

Anmerkung. N = 89; MED = Median; M = Messzeitpunkt; Korrelationskoeffizient: Spearman-Rho;
**Die Korrelation ist auf dem 0,01 Niveau signifikant (einseitig).

Der beobachtete Zusammenhang zwischen Gesundem Denken und Lebenszufriedenheit sowie zwischen Gesundem Denken und Gesundheitszustand ist auf dem 0,01 Niveau signifikant. Anzumerken ist, dass dies kein Beleg für Kausalzusammenhänge darstellt. So wäre es auch möglich, dass sich zwei Variablen durch den Einfluss einer dritten tendenziell in die gleiche Richtung bewegen (Brosius, 2013). Auf Grundlage dieser Stichprobenbeobachtung und der in Kapitel 3.2.4 dargestellten Forschungslage ist jedoch anzunehmen, dass auch in der Grundgesamtheit ein positiver linearer Zusammenhang zwischen den betrachteten Variablen besteht. Die Nullhypothese kann verworfen werden.

5.2.3 Explorative Analysen

Explorativ wurden weitere statistische Analysen durchgeführt, deren Signifikanz nicht zur Hypothesen-Bestätigung herangezogen wird (Anhang E). Beispielsweise zeigten sich zu M2 und M3 starke Korrelationen zwischen den Variablen Gesundes Denken und stressassoziierte Befindlichkeiten sowie moderate Korrelationen zwischen Gesundem Denken und Psyche bzw. Vitalität (Tabelle E-1). Die Testung erfolgte zweiseitig. Auf Grundlage des Friedman-Tests ergaben sich in allen Interventionsgruppen signifikante Verbesserungen hinsichtlich der Häufigkeit und Stärke von Schmerzen (Rohwerte). Auch waren in allen Versuchsgruppen statistisch bedeutsame Verbesserungen im Freizeitverhalten zu verzeichnen (Tabellen E-2 bis E-4). Diese Variable entspricht dem Median folgender Items: (a) ich habe mich bewusst entspannt, (b) habe Sport getrieben, (c) habe Musik gehört, (d) bin in der Natur gewesen, (e) bin meinen Hobbys nachgegangen, (f) habe Freunde getroffen. Die besten mittleren Ränge wurden in der Regel zum 2. Messzeitpunkt erreicht.

Über 70 % der Teilnehmer aller Interventionsgruppen gaben an, nach Kursende weiterhin Entspannungstechniken genutzt zu haben, wobei die im Rahmen der Studie gelernten Verfahren am häufigsten genannt wurden. Die Probanden der Meditationsgruppen zeigten ein besseres Übungsverhalten (Tabelle 12). So wurde die Biomeditation im Vergleich zur PMR von den jeweiligen Teilnehmern öfter praktiziert. Dies könnte eine Erklärung für die etwas besseren Werte der Meditationsgruppen sein. Das Ergebnis ist insofern interessant, da es den Meditationsgruppen freigestellt wurde (Kap. 5.1.2), wie häufig sie die Methode praktizieren. In der Kontrollgruppe gab 1 Proband an innerhalb des Studienzeitraumes Entspannungsverfahren praktiziert zu haben.

Tabelle 12: *Übungsverhalten der Probanden*

	SMP (n=22)	BM (n=23)	BMK (n=22)
Wie häufig haben sie die PMR bzw. die Biomeditation im Alltag durchgeführt? n (%)			
Messzeitpunkt 2			
fast täglich		9 (39,1)	4 (18,2)
häufig	10 (45,5)	10 (43,5)	14 (63,6)
selten	12 (54,5)	4 (17,4)	4 (18,2)
nie			
Messzeitpunkt 3			
fast täglich		4 (17,4)	2 (9,1)
häufig	6 (27,3)	14 (60,9)	12 (54,5)
selten	10 (45,5)	5 (21,7)	5 (22,7)
nie	6 (27,3)		3 (13,6)
Wie häufig haben Sie die gelernten Strategien/das Gesunde Denken im Alltag angewendet, n (%)			
Messzeitpunkt 2			
fast täglich	6 (27,3)	12 (52,2)	13 (59,1)
häufig	16 (72,7)	10 (43,5)	5 (22,7)
selten		1 (4,3)	3 (13,6)
nie			1 (4,5)
Messzeitpunkt 3			
fast täglich	5 (22,7)	7 (30,4)	9 (40,9)
häufig	14 (63,6)	14 (60,9)	8 (36,4)
selten	2 (9,1)	2 (8,7)	4 (18,2)
nie	1 (4,5)		1 (4,5)

Anmerkung. SMP = Stressmanagement-Programm; BM(K) = Biomeditation(keine Massage), n = Anzahl

Belastende Lebensereignisse wurden von 4 Probanden der Stressmanagement-Gruppe und jeweils von 5 Teilnehmern der anderen Gruppen vermerkt (Zweitbefragung). 3 Monate nach Interventionsende berichteten 2 Probanden der Stressmanagement-, 7 bzw. 8 der Biomeditations-Gruppen sowie 4 der Kontrollgruppe von belastenden Ereignissen. Einige Teilnehmer gaben an die Belastungen (z. B. Arbeitsplatzverlust) aufgrund der Meditation und des Gesunden Denkens besser bewältigen zu können. Auf einer 4-stufigen Skala mit den Extrempunkten „eher Erfolg" und „eher Misserfolg", wählten alle Probanden die erste oder zweite Abstufung, d. h. keiner beurteilte die Kursteilnahme als Misserfolg. Dementsprechend positiv fiel die Evaluation der einzelnen Interventionen aus (Tabelle D-17). Als vorteilhaft wurde von den Probanden die Möglichkeit bewertet, die Biomeditation auch allein, ohne weitere Vorkenntnisse durchführen zu können. Auch sorge das Gesunde Denken im Alltag für mehr Gelassenheit. Die Stressmanagement-Gruppe lobte Gestaltung und Inhalt des Teilnehmerhandbuches der IFT-Gesundheitsförderung. Die geringe Compliance hinsichtlich der Übung im Alltag legt es jedoch nahe, dass PMR nicht für jeden die Methode der Wahl darstellt. Auch bemerkte ein Proband der Meditationsgruppe, dass er Sport der „ruhigen Biomeditation" zur Stressbewältigung den Vorzug geben würde. Letztendlich erfolgt die Wahl des Entspannungsverfahrens individuell – unabhängig von wissenschaftlichen Wirksamkeitsnachweisen. Was den gewünschten Abstand der Sitzungen betrifft, wählte die Stressmanagement-Gruppe am häufigsten „2 x pro Monat", die Meditationsgruppen „1 x pro Woche". Nebenwirkungen wurden nicht berichtet.

Zusammenfassend ist festzuhalten, dass es sich bei allen Interventionsformen um effektive Methoden handelt, die Lebenszufriedenheit, subjektives Gesundheitsempfinden, Vitalität, Psyche und stressbezogenes Verhalten positiv beeinflussen können. Den Ergebnissen dieser Pilotstudie zufolge stellt die Bioenergetische Meditation nach Viktor Philippi eine wirksame Alternative zum Stressmanagement-Programm der IFT-Gesundheitsförderung dar.

5.3 Diskussion und Ausblick

Es handelt sich um die erste Studie, in der die Effektivität der Bioenergetischen Meditation (mit und ohne Massage) im Vergleich zu einer Kontrollgruppe und zu einem evaluierten Stressbewältigungs-Programm untersucht wurde. Generell zeigten sich signifikante Vorteile für alle Interventionsgruppen gegenüber der Kontrollgruppe, insbesondere in den Bereichen Vitalität, stressassoziierte Beschwerden und stressbezogenes Verhalten. Auch ließen sich Verbesserungen hinsichtlich des subjektiv eingeschätzten Gesundheitszustandes und der allg. Lebenszufriedenheit nachweisen. Diese Überlegenheit zeigte sich sowohl nach der Intervention als auch 3 Monate später. Die besten Ergebnisse wurden in der Biomeditations-Gruppe mit Massage erzielt. Allerdings gab es keine Interventions-Gruppe, die zu beiden Messzeitpunkten nach Studienbeginn signifikant bessere Werte erzielte als die anderen. Der Stichprobenbeobachtung zufolge können die Nullhypothesen, nach denen die zugrunde liegenden Verteilungen der untersuchten Gruppen identisch sind, zurückgewiesen werden. Die statistische Irrtums-wahrscheinlichkeit ist kleiner als 5 %. Auch zeigten sich erwartungsgemäß statistisch bedeutsame, moderate positive lineare Korrelationen zwischen Gesundem Denken und allg. Gesundheitszustand sowie zwischen Gesundem Denken und allg. Lebenszufriedenheit ($p \leq .01$). Diese Ergebnisse weisen in eine ähnliche Richtung wie die in Kapitel 3.4 vorgestellten Studien zur Biomeditation sowie die in Kapitel 3.2.4 konstatierten Zusammenhänge zwischen Dankbarkeit, Vergebung und subjektivem Wohlbefinden/Lebenszufriedenheit.

Hinsichtlich des Studiendesigns müssen jedoch folgende Limitationen eingeräumt werden: Der eingesetzte Fragebogen ist nicht validiert. Auch können Selbsteinschätzungsverfahren Verzerrungen unterliegen, z. B. der Tendenz zur sozialen Erwünschtheit (Moosbrugger & Kelava, 2012). Aspekte des Gesunden Denkens wurden lediglich über Einzelitems erfasst. Die bessere Variante wäre der Einsatz von reliablen, validen Messinstrumenten, z. B. der Gratitude Resentment and Appreciation Test (GRAT; Watkins, Woodward, Stone & Kolts, 2003) oder der Transgression Narrative Test of Forgivingness (TNTF; Berry, Worthington, Parrott, O'Connor, & Wade, 2001). Auch existieren für das Konstrukt Lebenszufriedenheit angemessene Erhebungsverfahren wie beispielsweise die Satisfaction With Life Scale (SWLS; Pavot & Diener, 2008).

Aus Gründen der Vergleichbarkeit zu den Evaluationsbögen der IFT-Gesundheitsförderung wurde ein ordinales Datenniveau gewählt, das lediglich nonparametrische Analysen erlaubt. Generell sind parametrische Methoden, die ein Intervallskalenniveau erfordern dieser Vorgehensweise vorzuziehen (Brosch, 2013). Die Selbstselektion der Probanden stellt ein weiteres Problem dar: Unterschiede zwischen den Gruppen könnten bereits vorher bestanden und die jeweiligen Probanden dazu veranlasst haben sich für die eine oder andere Interventionsform zu entscheiden. Demzufolge wären nur eingeschränkte Aussagen über Kausalzusammenhänge möglich (Bortz & Döring, 2006). Aufgrund der methodischen Einschränkungen kann diese Pilotstudie lediglich die Grundlage für Studien mit größerer Fallzahl und optimalerem Studiendesign bilden. Sie weist folgende Stärken auf: Es wurden mehrere Messzeitpunkte sowie eine Kontrollbedingung berücksichtigt. Um externe Validität zu gewährleisten, wurden nur wenige Ausschlusskriterien formuliert. Da es sich um eine heterogene Stichprobe hinsichtlich Alter und gesundheitlicher Beschwerden handelt, kann eine Generalisierbarkeit der Ergebnisse angenommen werden. Auch wurde die Studie aufgrund des ambulanten Settings und der flexiblen Termingestaltung sehr praxisnah durchgeführt. Die Signifikanz dieser Studienergebnisse kann nur durch mehrfache Replikation erhöht werden. Daher ist es wünschenswert, dass zukünftig methodisch höherwertige RCT-(Längsschnitt-)Studien zur wissenschaftlichen Wirksamkeit der Biomeditation durchgeführt werden. In Bezug auf das Stressmanagement-Programm sollte geprüft werden inwiefern sich die Effektivität von Kursen mit wöchentlichen im Vergleich zu 14-tägigen Terminen (Kompaktversion) unterscheidet. Die Probanden dieser Stichprobe fanden die letztere Variante attraktiver.

Da zur Biomeditation nur wenige Publikationen vorliegen, können genügend interessante Forschungsfragen formuliert werden. Dementsprechend ist eine Folgestudie mit größerer Probandenzahl geplant, die den Einsatz höherwertiger statistischer Verfahren erlaubt und der Frage nachgeht, welcher potentielle Wirkfaktor – Biomeditation ohne kognitive Komponente versus Gesundes Denken ohne Biomeditation – einen größeren Einfluss auf Gesundheit und Wohlbefinden hat. Die Biomeditation wurde u. a. von Prof. Dr. Konstantin Korotkov mit Methoden der Elektrophotonik (EPC-Kamera) untersucht (Philippi, 2011; Korotkov, Matravers, Orlov & Williams, 2010). Es zeigten sich bemerkenswerte Vorher-Nachher-Aufnahmen. Das Verfahren fand im deutschsprachigen Raum bisher wenig

Beachtung. Wünschenswert wären daher anerkannte neurowissenschaftliche Untersuchungen, um zu prüfen ob die in Kapitel 2.2 dargestellten Wirkungen der Achtsamkeitsmeditation auch für die Biomeditation gelten (z. B. verbesserte Emotionsregulierung, höhere Konzentration der grauen Hirnsubstanz).

Derra und Linden (2011) weisen darauf hin, dass selbstsuggestive Aspekte und kognitive Bewertungen relevante Wirkmechanismen von Entspannungsverfahren darstellen. Ein Faktor der generell eine Rolle spielt, ist die Erwartungshaltung der Probanden. So zeigt die Placebo-Forschung eindrucksvoll, dass bereits der Glaube, eine effektive Behandlung (Therapie, Medikament, Operation) zu erhalten, genügt um Symptome zur reduzieren (de Groot et al., 2011; Moseley et al., 2002; Wechsler et al., 2011). Die Wirkung mentaler Kräfte wurde auch in Experimenten von Radin, Hayssen, Emoto und Kizu (2006, 2008) veranschaulicht. Es zeigte sich, dass die Qualität der Gedanken die physikalische Struktur des Wassers beeinflussen kann. Dies ist insofern relevant, da der Mensch zu 50 bis 70 % aus Wasser besteht (Klinke et al., 2009). Mommaerts und Devroey (2012) betrachten den Placebo-Effekt als eine Form der Autosuggestion, die den Genesungsprozess unterstützen kann. Dieser Ansatz ist nicht neu. Coué (1923) legte bereits Anfang des 20. Jahrhunderts einen wesentlichen Grundstein für die heutige Placebo-Forschung. Er empfahl seinen Patienten täglich mit eindringlichen Autosuggestionen zu arbeiten wie: „Day by day, in every way, I am getting better and better" (S. 101). In Anbetracht der Tatsache, dass allgemeine therapeutische Wirkfaktoren (z. B. therapeutische Beziehung) verglichen mit spezifischen Faktoren (einzelne Techniken) den größeren Anteil der Ergebnisvarianz erklären (Lambert & Simon, 2008) wäre es sinnvoll, zukünftig gezielter am Aufbau einer positiven Erwartungshaltung des Klienten zu arbeiten (Enck, Bingel, Schedlowski & Rief, 2013). Diese Vorgehensweise wird in der Biomeditation berücksichtigt. So wird der Meditierende darauf hingewiesen, dass der Selbstheilungseffekt durch „… eigene Erkenntnis, den Glauben an seine eigenen Kräfte, die Hoffnung auf eine bessere Zukunft und mit geduldiger Liebe zu sich selbst und seinen Nächsten" beeinflusst wird (FLBB, 2012, S. VIII). Um potentielle Interessenkonflikte offenzulegen, ist anzumerken, dass der Studienleiter Mitglied des EBB ist. Die Studienfinanzierung erfolgte privat, d.h. unabhängig vom Verein.

Trotz methodischer Einschränkungen liefert diese Studie keine Anhaltspunkte dafür, dass die Bioenergetische Meditation weniger wirksam ist als das von den gesetzlichen Krankenkassen anerkannte Stressbewältigungsprogramm der IFT-

Gesundheitsförderung. Aus gesundheitsökonomischen Gründen wäre es sinnvoll, diese Meditationsmethode weiterhin zu evaluieren (z. B. Kosten-Nutzen- Analysen, Vergleich mit medikamentösen Therapien) und eine Integration in den Präventionsbereich zu erwägen. In diesem Zusammenhang soll die Anmerkung auf dem Fragebogen eines Probanden als Schlusswort dienen: „Ein erfolgversprechender Ansatz der breitere Anwendung finden sollte und in den Leistungskatalog der Krankenkassen gehört."

6 Literaturverzeichnis

Arbeitsgemeinschaft der Spitzenverbände der Krankenkassen (Hrsg.). (2008). *Gemeinsame und einheitliche Evaluationsverfahren zu § 20 SGB V der Spitzenverbände der Krankenkassen. Anwenderhandbuch Evaluation Teil 1: Evaluation des Individuellen Ansatzes (Bewegungs-, Ernährungs- und Stressreduktionskurse) in der Fassung vom Juni 2008* [PDF-Dokument]. Zugriff am 01.04.2014 unter http://www.bkk-bayern.de/fileadmin/user_upload/Dokumente/Evaluation_des_individuellen_Ans atzes.pdf

Baer, R. A. (2003). Mindfulness training as a clinical intervention: A conceptual and empirical review. *Clinical Psychology: Science and Practice, 10*(2), 125-143. doi:10.1093/clipsy.bpg015

Baskin, T. W. & Enright, R. D. (2004). Intervention studies on forgiveness: A meta-analysis. *Journal of Counseling and Development, 82*(1), 79-90. doi:10.1002/j.1556-6678.2004.tb00288.x

Baumann, K. & Linden, M. (2011). Weisheitstherapie. In M. Linden & M. Hautzinger (Hrsg.), *Verhaltenstherapiemanual* (7., vollst. überarb. u. erw. Aufl., S. 483-488). Berlin: Springer. doi:10.1007/978-3-642-16197-1_90

Benson, H., Beary, J. F. & Carol, M. P. (1974). The relaxation response. *Psychiatry: Journal for the Study of Interpersonal Processes, 37*(1), 37-46.

Benson, H. & Klipper, M. Z. (1992). *The relaxation response.* New York: Harper Collins.

Berry, J. W., Worthington, E. L., Parrott, L., O'Connor, L. E. & Wade, N. G. (2001). Dispositional forgivingness: Development and construct validity of the Transgression Narrative Test of Forgivingness (TNTF). *Personality and Social Psychology Bulletin, 27*(10), 1277-1290. doi:10.1177/01461672012710004

Bishop, S. R., Lau, M., Shapiro, S., Carlson, L., Anderson, N. D., Carmody, J., ... Devins, G. (2004). Mindfulness: A proposed operational definition. *Clinical Psychology: Science and Practice, 11*(3), 230-241. doi:10.1093/clipsy.bph077

Blech, J. (2013, 18. Mai). Heilen mit dem Geist. *Der Spiegel, 21,* 56-63.

Bohus, M. (2006). Achtsamkeitsbasierte Psychotherapie – Die dritte Welle in der Evolution der Verhaltenstherapie? [Editorial]. *Zeitschrift für Psychiatrie, Psychologie und Psychotherapie, 54*(4), 229. doi:10.1024/1661-4747.54.4.229

Bolier, L., Haverman, M., Westerhof, G. J., Riper, H., Smit, F. & Bohlmeijer, E. (2013). Positive psychology interventions: A meta-analysis of randomized controlled studies. *BMC Public Health, 13*(1), 119. doi:10.1186/1471-2458-13-119

Bonelli, R. M. (2014). Verbitterung und Vergebung. In M. Utsch, R. M. Bonelli & S. Pfeifer (Hrsg.), *Psychotherapie und Spiritualität* (S. 203-209). Berlin: Springer.

Bonewits, I. (2001). *The Advanced Bonewits' Cult Danger Evaluation Frame. Version 2.6* [PDF document]. Retrieved April 25, 2014, from http://www.unc.edu/home/reddeer/tenets/abcdef.pdf

Bono, G. & McCullough, M. E. (2006). Positive responses to benefit and harm: Bringing forgiveness and gratitude into cognitive psychotherapy. *Journal of Cognitive Psychotherapy, 20*(2), 147-158. doi:10.1891/jcop.20.2.147

Bortz, J., & Döring, N. (2006). *Forschungsmethoden und Evaluation: Für Human- und Sozialwissenschaftler* (4., überarb. Aufl.). Heidelberg: Springer.

Bowen, S., Witkiewitz, K., Clifasefi, S. L., Grow, J., Chawla, N., Hsu, S. H., ... Larimer, M. E. (2014, March 19). Relative efficacy of mindfulness-based relapse prevention, standard relapse prevention, and treatment as usual for substance use disorders: A randomized clinical trial. *JAMA Psychiatry*. doi:10.1001/jamapsychiatry.2013.4546

Brenner, H. (2004). *Meditation: Die wichtigsten Methoden, Ziele und Übungen* (2., durchges. u. aktual. Aufl.). Baden-Baden: Humboldt.

Brosius, F. (2013). *SPSS 21*. Heidelberg: MITP.

Buttler, G. (2003). Steigende Lebenserwartung – was verspricht die Demographie? *Zeitschrift für Gerontologie und Geriatrie, 36*(2), 90-94. doi:10.1007/s00391-003-0135-8

Carrington, P. (1978). *Clinically standardized meditation (CSM): Instructor's kit*. Kendall Park, NJ: Pace Educational Systems.

Cartwright, N. (2007). Are RCTs the gold standard? *BioSocieties, 2*(1), 11-20. doi:10.1017/S1745855207005029

Chang, B.-H., Casey, A., Dusek, J. A. & Benson, H. (2010). Relaxation response and spirituality: Pathways to improve psychological outcomes in cardiac rehabilitation. *Journal of Psychosomatic Research, 69*(2), 93-100. doi:10.1016/j.jpsychores.2010.01.007

Chida, Y. & Steptoe, A. (2008). Positive psychological well-being and mortality: A quantitative review of prospective observational studies. *Psychosomatic Medicine, 70*(7), 741-756. doi:10.1097/PSY.0b013e31818105ba

Chida, Y. & Steptoe, A. (2009). The association of anger and hostility with future coronary heart disease: A meta-analytic review of prospective evidence. *Journal of the American College of Cardiology, 53*(11), 936-946. doi:10.1016/j.jacc.2008.11.044

Chiesa, A. & Serretti, A. (2009). Mindfulness-based stress reduction for stress management in healthy people: A review and meta-analysis. *The Journal of Alternative and Complementary Medicine, 15*(5), 593-600. doi:10.1089/acm.2008

Cohen, S., Alper, C. M., Doyle, W. J., Treanor, J. J. & Turner, R. B. (2006). Positive emotional style predicts resistance to illness after experimental exposure to rhinovirus or influenza A virus. *Psychosomatic Medicine, 68*(6), 809-815. doi:10.1097/01.psy.0000245867.92364.3c

Cohen, S., Doyle, W. J., Turner, R. B., Alper, C. M. & Skoner, D. P. (2003). Emotional style and susceptibility to the common cold. *Psychosomatic Medicine, 65*(4), 652-657. doi:10.1097/01.PSY.0000077508.57784.DA

Costa, P. T. & McCrae, R. R. (1992). *Professional manual: Revised NEO personality inventory (NEO-PI-R) and NEO five-factor inventory (NEO-FFI)*. Odessa, FL: Psychological Assessment Resources.

Coué, E. (1923). *How to practice suggestion and autosuggestion*. New York: American Library Service.

Dahlsgaard, K., Peterson, C. & Seligman, M. E. P. (2005). Shared virtue: The convergence of valued human strengths across culture and history. *Review of General Psychology, 9*(3), 203-213. doi:10.1037/1089-2680.9.3.203

Das, N. N. & Gastaut, H. (1955). Variations de l'activite electrique du cerveau, du coeur et des muscles squelettiques au cours de la meditation et de l'extase yogique. *Electroencephalography and Clinical Neurophysiology, 6*, 211-219.

Davidson, R. J., Kabat-Zinn, J., Schumacher, J., Rosenkranz, M., Muller, D., Santorelli, S. F., ... Sheridan, J. F. (2003). Alterations in brain and immune function produced by mindfulness meditation. *Psychosomatic Medicine, 65*(4), 564-570. doi:10.1097/01.PSY.0000077505.67574.E3 de Groot, F. M., Voogt-Bode, A., Passchier, J., Berger, M. Y., Koes, B. W. & Verhagen, A. P. (2011). Headache: The placebo effects in the control groups in randomized clinical trials; an analysis of systematic reviews. *Journal of Manipulative and Physiological Therapeutics, 34*(5), 297-305. doi:10.1016/j.jmpt.2011.04.007

Derra, C. & Linden, M. (2011). Entspannungsverfahren. In M. Linden & M. Hautzinger (Hrsg.), *Verhaltenstherapiemanual* (7., vollst. überarb. u. erw. Aufl., S. 133-137). Berlin: Springer. doi:10.1007/978-3-642-16197-1_25

Deutscher Bundestag (Hrsg.). (1998, 9. Juni). *Endbericht der Enquete-Kommission „Sogenannte Sekten und Psychogruppen"* [ASC-Datei]. Zugriff am 25.04.2014 unter http://dip21.bundestag.de/dip21/btd/13/109/1310950.asc

Deutsches Institut für Medizinische Dokumentation und Information (Hrsg.). (2013). *ICD-10-GM 2014 Systematisches Verzeichnis: Internationale statistische Klassifikation der Krankheiten und verwandter Gesundheitsprobleme, 11. Revision – German Modification Version 2014.* Köln: Deutscher Ärzte-Verlag.

Diener, E. & Chan, M. Y. (2011). Happy people live longer: Subjective well-being contributes to health and longevity. *Applied Psychology: Health and Well-Being, 3*(1), 1-43. doi:10.1111/j.1758-0854.2010.01045.x

Dilling, H. & Freyberger, H. J. (Hrsg.). (2013). *Taschenführer zur ICD-10-Klassifikation psychischer Störungen: Nach dem Pocket Guide von J.E. Cooper* (7., überarb. Aufl.). Bern: Huber.

Dusek, J. A., Chang B.-H., Zaki, J., Lazar, S. W., Deykin, A., Stefano, G. B., ... Benson, H. (2006). Association between oxygen consumption and nitric oxide production during the relaxation response. *Medical Science Monitor, 12*(1), CR1-10. Retrieved April 14, 2014, from https://www.nmr.mgh.harvard.edu/~lazar/Articles/VO2_NO_med_sci_monitor_06.pdf

Dusek, J. A., Otu, H. H., Wohlhueter, A. L., Bhasin, M., Zerbini, L. F., Joseph, M. G., ... Libermann, T. A. (2008). Genomic counter-stress changes induced by the relaxation response. *PLoS One, 3*(7), e2576. doi:10.1371/journal.pone.0002576

Ellis, A. (1962). *Reason and emotion in psychotherapy.* Oxford: Lyle Stuart.

Emmons, R. A. & McCullough, M. E. (2003). Counting blessings versus burdens: An experimental investigation of gratitude and subjective well-being in daily life. *Journal of Personality and Social Psychology, 84*(2), 377-389. doi:10.1037/0022-3514.84.2.377

Emmons, R. A. & Stern, R. (2013). Gratitude as a psychotherapeutic intervention. *Journal of Clinical Psychology, 69*(8), 846-855. doi:10.1002/jclp.22020

Enck, P., Bingel, U., Schedlowski, M. & Rief, W. (2013). The placebo response in medicine: Minimize, maximize or personalize? *Nature Reviews Drug Discovery, 12*(3), 191-204. doi:10.1038/nrd3923

Engel, K. (1999). *Meditation: Geschichte, Systematik, Forschung, Theorie.* Frankfurt am Main: Peter Lang.

Enright, R. D. & Fitzgibbons, R. P. (2000). *Helping clients forgive: An empirical guide for resolving anger and restoring hope.* Washington: American Psychological Association.

Ernst, S., Esch, S. M. & Esch, T. (2009). Die Bedeutung achtsamkeitsbasierter Interventionen in der medizinischen und psychotherapeutischen Versorgung. *Forschende Komplementärmedizin/Research in Complementary Medicine, 16*(5), 296-303. doi:10.1159/000235795

Esch, T. (2010, 26. November). *Neurobiologische Aspekte der Meditationspraxis: Wie Meditation über zelluläre Mechanismen auf Gesundheit, Motivation und Stressresistenz wirkt* [Audio-Download]. Zugriff am 01.03.2014 unter http://www.meditation-wissenschaft.org/dokumentation-kongress-2010.html#Audio_und_Video

Esch, T. (2013). *Die Neurobiologie des Glücks: Wie die positive Psychologie die Medizin verändert* (2. Aufl.). Stuttgart: Thieme.

Esch, T., Fricchione, G. L. & Stefano, G. B. (2003). The therapeutic use of the relaxation response in stress-related diseases. *Medical Science Monitor, 9*(2), 23-34. Retrieved April 10, 2014, from http://www.researchgate.net/publication/10887954_The_therapeutic_use_of_the _relaxation_response_in_stress-related_diseases/file/9c96051fe7c3eefd11.pdf

Esch, T., Guarna, M., Bianchi, E., Zhu, W. & Stefano, G. B. (2004). Commonalities in the central nervous system's involvement with complementary medical therapies: Limbic morphinergic processes. *Medical Science Monitor, 10*(6), MS6-17. Retrieved April 14, 2014, from http://www.massgeneral.org/bhi/assets/pdfs/publications/Esch_2004_Med_Sci _Monit.pdf

Europäischer Berufs- und Fachverband für Biosens e. V. (Hrsg.). *(o.D.). Der Europäische Berufs- und Fachverband für Biosens e. V. stellt sich vor* [PDF-Dokument]. Zugriff am 01.04.2014 unterhttp://biomez.de/mypage/data/files/Flyer/EBB-Biomeditation_Imagebroschuere.pdf

Europäischer Berufs- und Fachverband für Biosens e. V. (Hrsg.). (2010). *Fördergemeinschaft Theomedizin innerhalb des EBB e. V.: Die Theomedizin baut die Brücke zwischen Schulmedizin und Alternativmedizin* [PDF-Dokument]. Zugriff am 01.04.2014 unter http://biomez.de/mypage/data/files/Flyer_Theomed-8SDL-low.pdf

Everson, S. A., Kaplan, G. A., Goldberg, D. E., Salonen, R. & Salonen, J. T. (1997). Hopelessness and 4-year progression of carotid atherosclerosis: The kuopio ischemic heart disease risk factor study. *Arteriosclerosis, Thrombosis, and Vascular Biology, 17*(8), 1490-1495. doi:10.1161/01.ATV.17.8.1490

Fava, G. A. & Ruini, C. (2003). Development and characteristics of a well-being enhancing psychotherapeutic strategy: Well-being therapy. *Journal of Behavior Therapy and Experimental Psychiatry, 34*(1), 45-63. doi:10.1016/S0005-7916(03)00019-3

Fava, G. A. & Tomba, E. (2009). Increasing psychological well-being and resilience by psychotherapeutic methods. *Journal of Personality, 77*(6), 1903-1934. doi:10.1111/j.1467-6494.2009.00604.x

Fjorback, L. O., Arendt, M., Ørnbøl, E., Fink, P. & Walach, H. (2011). Mindfulness-based stress reduction and mindfulness-based cognitive therapy – a systematic review of randomized controlled trials. *Acta Psychiatrica Scandinavica, 124*(2), 102-119. doi:10.1111/j.1600-0447.2011.01704.x

Fledderus, M., Bohlmeijer, E. T., Pieterse, M. E. & Schreurs, K. M. G. (2012). Acceptance and commitment therapy as guided self-help for psychological distress and positive mental health: A randomized controlled trial. *Psychological Medicine, 42*(3), 485-495. doi:10.1017/S0033291711001206

Forman, E. M., Herbert, J. D., Moitra, E., Yeomans, P. D. & Geller, P. A. (2007). A randomized controlled effectiveness trial of acceptance and commitment therapy and cognitive therapy for anxiety and depression. *Behavior Modification, 31*(6), 772-799. doi:10.1177/0145445507302202

Forschungs- und Lehrakademie für Bioenergetik und Bioinformatik, Viktor Philippi (Hrsg.). (o.D.). *Die Philosophie der Goldenen Pyramide. Viktor Philippi* [PDF-Dokument]. Zugriff am 01.04.2014 unter
http://www.theomedizin.de/0906E_Philippi-GoldPyramide.pdf

Forschungs- und Lehrakademie für Bioenergetik und Bioinformatik, Viktor Philippi (Hrsg.). (2010). *Mehr als ein Streif am Horizont. Studienergebnisse zur Wirksamkeit der Bioenergetischen Meditation nach Viktor Philippi. Die GAS-Langzeitstudie* [PDF-Dokument]. Zugriff am 01.01.2014 unter http://www.theomedizin.de/EBB-FlyerDL-GAS-Studie-LOW.pdf

Forschungs- und Lehrakademie für Bioenergetik und Bioinformatik, Viktor Philippi (Hrsg.). (2011). *BioMeZ-Studie „Wenn die Seele leidet" 2011/2012. Ärztlich geleitete Studie zur gesundheitlichen Wirksamkeit der Biomeditation nach Viktor Philippi bei Angsterkrankungen und Depressionen* [PDF-Dokument]. Zugriff am 01.01.2014 unter http://probandenstudie.de/pdf/Verlauf-Durchfuehrung-Studie.pdf

Forschungs- und Lehrakademie für Bioenergetik und Bioinformatik, Viktor Philippi (Hrsg.). (2012). *Richtlinien für den Biosens* [PDF-Dokument]. Zugriff am 01.04.2014 unter http://www.theomedizin.de/pdf/Richtlinien-Biosens.pdf

Forschungs- und Lehrakademie für Bioenergetik und Bioinformatik, Viktor Philippi (Hrsg.). (2013a). *Bioenergetische Meditation nach Viktor Philippi* [PDF-Dokument]. Zugriff am 01.04.2014 unter http://www.theomedizin.de/pdf/Viktor-Philippi-Biomeditation-2012.pdf

Forschungs- und Lehrakademie für Bioenergetik und Bioinformatik, Viktor Philippi (Hrsg.). (2013b). *Diagnose Krebs... Ganzheitliche Unterstützung zur Stärkung der Gesundheit bei Krebs mit der Biomeditation nach Viktor Philippi* [PDF-Dokument]. Zugriff am 01.04.2014 unter http://biomez.de/mypage/data/files/EBB-FaltblattDL-KREBS-web.pdf

Forschungs- und Lehrakademie für Bioenergetik und Bioinformatik, Viktor Philippi (Hrsg.). (2013c). *Gesünder werden? Gesund bleiben? Das kann doch nicht so schwer sein!* [PDF-Dokument]. Zugriff am 01.04.2014 unter
http://www.theomedizin.de/pdf/Kritik-Viktor-Philippi.pdf

Forschungs- und Lehrakademie für Bioenergetik und Bioinformatik, Viktor Philippi (Hrsg.). (2013d). *H(h)eiler werden. Die Fachausbildung zum Biosens. Bioenergetische Meditation nach Viktor Philippi* [PDF-Dokument]. Zugriff am 01.04.2014 unter http://www.theomedizin.de/pdf/HeilerWerden-DL-web.pdf

Forschungs- und Lehrakademie für Bioenergetik und Bioinformatik, Viktor Philippi (Hrsg.). (2013e). *Schmerz lass nach... Ganzheitliche Unterstützung bei chronischen Schmerzen mit der Biomeditation nach Viktor Philippi* [PDF-Dokument]. Zugriff am 01.04.2014 unter http://biomez.de/mypage/data/files/EBB-FlyerDL-SCHMERZ-web.pdf

Forschungs- und Lehrakademie für Bioenergetik und Bioinformatik, Viktor Philippi (Hrsg.). (2013f). *Studie „Biomeditation bei Tinnitus" 2013/2014. Ärztlich geleitete Studie zur gesundheitlichen Wirksamkeit der Biomeditation nach Viktor Philippi bei chronischem Tinnitus* [PDF-Dokument]. Zugriff am 01.01.2014 unter http://www.probandenstudie.de/pdf/Tinnitus_Verlauf_Durchfuehrung.pdf

Friedman, M., Thoresen, C. E., Gill, J. J., Ulmer, D., Powell, L. H., Price, V. A., ... Dixon, T. (1986). Alteration of type A behavior and its effect on cardiac recurrences in post myocardial infarction patients: Summary results of the recurrent coronary prevention project. *American Heart Journal, 112*(4), 653-665. doi:10.1016/0002-8703(86)90458-8

GKV-Spitzenverband (Hrsg.). (o.D.). *Leitfaden Prävention. Handlungsfelder und Kriterien des GKV-Spitzenverbandes zur Umsetzung von §§ 20 und 20a SGB V vom 21. Juni 2000 in der Fassung vom 27. August 2010* [PDF-Dokument]. Zugriff am 10.01.2014 unter http://www.bmg.bund.de/fileadmin/redaktion/pdf_broschueren/praevention_lei tfaden_2010.pdf

Gmerek, S. (2009). *Achtsamkeitsbasierte Ansätze in der Psychotherapie von Abhängigkeitsstörungen* (Bachelorthesis). HS Magdeburg-Stendal, Stendal.

Goebel, G. & Hiller, W. (1998). *Tinnitus-Fragebogen (TF). Ein Instrument zur Erfassung von Belastung und Schweregrad bei Tinnitus.* Göttingen: Hogrefe.

Grossman, J. & Mackenzie, F. J. (2005). The randomized controlled trial: Gold standard, or merely standard? *Perspectives in Biology and Medicine, 48*(4), 516-534. doi:10.1353/pbm.2005.0092

Grossman, P., Niemann, L., Schmidt, S. & Walach, H. (2004). Mindfulness-based stress reduction and health benefits: A meta-analysis. *Journal of Psychosomatic Research, 57*(1), 35-43. doi:10.1016/S0022-3999(03)00573-7

Hart, W. (1987). *The Art of Living: Vipassana-Meditation as Taught by S.N. Goenka.* San Francisco: Harper and Row.

Hautzinger, M., Keller, F. & Kühner, C. (2006). *BDI-II: Beck Depressions-Inventar. Revision.* Frankfurt am Main: Harcourt Test Services.

Hayes, S. C. (2004). Acceptance and commitment therapy and the new behavior therapies: Mindfulness, acceptance and relationship. In S. C. Hayes, V. M. Follette & M. M. Linehan (Eds.), *Mindfulness and acceptance: Expanding the cognitive-behavioral tradition* (pp. 1-29). New York: Guilford.

Hayes, S. C., Luoma, J. B., Bond, F. W., Masuda, A. & Lillis, J. (2006). Acceptance and commitment therapy: Model, processes and outcomes. *Behaviour Research and Therapy, 44*(1), 1-25. doi:10.1016/j.brat.2005.06.006

Heidenreich, T. & Michalak, J. (2007). Achtsamkeit und Akzeptanz: Opium für das Volk? Eine Antwort auf den Kommentar von Herrn Dr. med. Willy Herbold (PiD Heft 4, Dezember 2006). *Psychotherapie im Dialog, 8*(2), 194-195. doi:10.1055/s-2007-970874

Heidenreich, T. & Michalak, J. (Hrsg.). (2009a). *Achtsamkeit und Akzeptanz in der Psychotherapie: Ein Handbuch* (3., überarb. u. erw. Aufl.). Tübingen: DGVT.

Heidenreich, T. & Michalak, J. (2009b). Achtsamkeit und Akzeptanz in der Psychotherapie – Eine Einführung. In T. Heidenreich & J. Michalak (Hrsg.), *Achtsamkeit und Akzeptanz in der Psychotherapie: Ein Handbuch* (3., überarb. u. erw. Aufl., S. 11-24). Tübingen: DGVT.

Heidenreich, T. & Michalak, J. (2011). Achtsamkeit und Akzeptanz. In M. Linden & M. Hautzinger (Hrsg.), *Verhaltenstherapiemanual* (7., vollst. überarb. u. erw. Aufl., S. 55-60). Berlin: Springer. doi:10.1007/978-3-642-16197-1_10

Hemminger, H. (2004, 1. Juli). *Was ist eine Sekte?* [PDF-Dokument]. Zugriff am 25.04.2014 unter http://www.weltanschauungsbeauftragte.elk-wue.de/fileadmin/mediapool/einrichtungen/E_weltanschauungsbeauftragte/Doks0-T/Was_ist_eine_Sekte.pdf

Hölzel, B. K., Carmody, J., Evans, K. C., Hoge, E. A., Dusek, J. A., Morgan, L., … Lazar, S. W. (2010). Stress reduction correlates with structural changes in the amygdala. *Social Cognitive and Affective Neuroscience, 5*(1), 11-17. doi:10.1093/scan/nsp034

Hölzel, B. K., Carmody, J., Vangel, M., Congleton, C., Yerramsetti, S. M., Gard, T. & Lazar, S. W. (2011). Mindfulness practice leads to increases in regional brain gray matter density. *Psychiatry Research: Neuroimaging, 191*(1), 36-43. doi:10.1016/j.pscychresns.2010.08.006

Hölzel, B. K., Hoge, E. A., Greve, D. N., Gard, T., Creswell, J. D., Brown, K. W., ... Lazar, S. W. (2013). Neural mechanisms of symptom improvements in generalized anxiety disorder following mindfulness training. *NeuroImage: Clinical, 2*, 448-458. doi:10.1016/j.nicl.2013.03.011

Hölzel, B. K., Lazar, S. W., Gard, T., Schuman-Olivier, Z., Vago, D. R. & Ott, U. (2011). How does mindfulness meditation work? Proposing mechanisms of action from a conceptual and neural perspective. *Perspectives on Psychological Science, 6*(6), 537-559. doi:10.1177/1745691611419671

Hofmann, S. G., Grossman, P. & Hinton, D. E. (2011). Loving-kindness and compassion meditation: Potential for psychological interventions. *Clinical Psychology Review, 31*(7), 1126-1132. doi:10.1016/j.cpr.2011.07.003

Hoge, E. A., Bui, E., Marques, L., Metcalf, C. A., Morris, L. K., Robinaugh, D. J., ... Simon, N. M. (2013). Randomized controlled trial of mindfulness meditation for generalized anxiety disorder: Effects on anxiety and stress reactivity. *The Journal of Clinical Psychiatry, 74*(8), 786-792. doi:10.4088/JCP.12m08083

IFT-Gesundheitsförderung (2014, 28. April). Der erfolgreiche Umgang mit täglichen Belastungen. Zugriff am 14.05.2014 unter http://ift-stress.de/

Jacobson, E. (1938). *Progressive relaxation.* Chicago: University of Chicago Press.

Jäger, W. (2002). *Kontemplation: Gott begegnen - heute.* Freiburg: Herder.

Jain, S., Shapiro, S. L., Swanick, S., Roesch, S. C., Mills, P. J., Bell, I. & Schwartz, G. E. (2007). A randomized controlled trial of mindfulness meditation versus relaxation training: Effects on distress, positive states of mind, rumination, and distraction. *Annals of Behavioral Medicine, 33*(1), 11-21. doi:10.1207/s15324796abm3301_2

Kabat-Zinn, J. (1990). *Full catastrophe living: Using the wisdom of your body and mind to face stress, pain, and illness.* New York: Delta.

Kabat-Zinn, J. (2009). Achtsamkeitsbasierte Interventionen im Kontext: Vergangenheit, Gegenwart und Zukunft. In T. Heidenreich & J. Michalak (Hrsg.), *Achtsamkeit und Akzeptanz in der Psychotherapie: Ein Handbuch* (3., überarb. u. erw. Aufl., S. 103-139). Tübingen: DGVT.

Kaliman, P., Álvarez-López, M. J., Cosín-Tomás, M., Rosenkranz, M. A., Lutz, A. & Davidson, R. J. (2014). Rapid changes in histone deacetylases and inflammatory gene expression in expert meditators. *Psychoneuroendocrinology, 40*, 96-107. doi:10.1016/j.psyneuen.2013.11.004

Kaluza, G.(2002). Förderung individueller Belastungsverarbeitung: Was leisten Stressbewältigungsprogramme? In B. Röhrle (Hrsg.), *Prävention und Gesundheitsförderung*, Band II (S. 195-218). Tübingen: DGVT.

Kaluza, G. (2012). *Gelassen und sicher im Stress. Das Stresskompetenz-Buch: Stress erkennen, verstehen, bewältigen* (4., überarb. Aufl.). Berlin: Springer.

Kaplan, B. H. (1992). Social health and the forgiving heart: The type B story. *Journal of Behavioral Medicine, 15*(1), 3-14. doi:10.1007/BF00848374

Kessler, A., Gallen, M. & Müller, H. (2011). *Der erfolgreiche Umgang mit täglichen Belastungen: Programm zur Stressbewältigung. Teilnehmerunterlagen für den Gruppenkurs* (5., vollst. überarb. u. erw. Aufl.). München: IFT-Gesundheitsförderung.

Khoury, B., Lecomte, T., Fortin, G., Masse, M., Therien, P., Bouchard, V., ... Hofmann, S. G. (2013). Mindfulness-based therapy: A comprehensive meta-analysis. *Clinical Psychology Review, 33*(6), 763-771. doi:10.1016/j.cpr.2013.05.005

Kiecolt-Glaser, J. K., McGuire, L., Robles, T. F. & Glaser, R. (2002a). Emotions, morbidity, and mortality: New perspectives from psychoneuroimmunology. *Annual Review of Psychology, 53*(1), 83-107. doi:10.1146/annurev.psych.53.100901.135217

Kiecolt-Glaser, J. K., McGuire, L., Robles, T. F. & Glaser, R. (2002b). Psychoneuroimmunology: Psychological influences on immune function and health. *Journal of Consulting and Clinical Psychology, 70*(3), 537-547. doi:10.1037/0022-006X.70.3.537

Kiresuk, T. J. & Sherman, R. E. (1968). Goal attainment scaling: A general method for evaluating comprehensive community mental health programs. *Community Mental Health Journal, 4*(6), 443-453. doi:10.1007/BF01530764

Klinke, R., Pape, H.-C., Kurtz, A. & Silbernagl, S. (Hrsg.). (2009). *Physiologie* (6., vollst. überarb. Aufl.). Stuttgart: Thieme.

Kok, B. E., Coffey, K. A., Cohn, M. A., Catalino, L. I., Vacharkulksemsuk, T., Algoe, S. B., ... Fredrickson, B. L. (2013). How positive emotions build physical health: Perceived positive social connections account for the upward spiral between positive emotions and vagal tone. *Psychological Science, 24*(7), 1123-1132. doi:10.1177/0956797612470827

Korotkov, K. G., Matravers, P., Orlov, D. V. & Williams, B. O. (2010). Application of electrophoton capture (EPC) analysis based on gas discharge visualization (GDV) technique in medicine: A systematic review. *The Journal of Alternative and Complementary Medicine, 16*(1), 13-25. doi:10.1089/acm.2008.0285

Kronfol, Z. & Remick, D. G. (2000). Cytokines and the brain: Implications for clinical psychiatry. *American Journal of Psychiatry, 157*(5), 683-694. doi:10.1176/appi.ajp.157.5.683

Kuyken, W., Byford, S., Taylor, R. S., Watkins, E., Holden, E., White, K., ... Teasdale, J. D. (2008). Mindfulness-based cognitive therapy to prevent relapse in recurrent depression. *Journal of Consulting and Clinical Psychology, 76*(6), 966-978. doi:10.1037/a0013786.

Lademann, J., Mertesacker, H., & Gebhardt, B. (2006). Psychische Erkrankungen im Fokus der Gesundheitsreporte der Krankenkassen. *Psychotherapeutenjournal, 2*, 123-129. Zugriff am 20.05.2014 unter http://x-tensio.de/praxishoessler/uploads/Gesundheitsreport%20Krankenkassen0206.pdf

Lambert, M. & Simon, W. (2008). The therapeutic relationship: Central and essential in psychotherapy outcome. In S. F. Hick & T. Bien (Eds.), *Mindfulness and the therapeutic relationship* (pp. 19-33). New York: Guilford Press.

Lazar, S. W., Bush, G., Gollub, R. L., Fricchione, G. L., Khalsa, G. & Benson, H. (2000). Functional brain mapping of the relaxation response and meditation. *Neuroreport, 11*(7), 1581-1585. Retrieved April 14, 2014, from http://www.researchgate.net/publication/12477679_Functional_brain_mapping_of_the_relaxation_response_and_meditation/file/79e4151032ed38238f.pdf

Lazar, S. W., Kerr, C. E., Wasserman, R. H., Gray, J. R., Greve, D. N., Treadway, M. T., ... Fischl, B. (2005). Meditation experience is associated with increased cortical thickness. *Neuroreport, 16*(17), 1893-1897. Retrieved April 14, 2014, from https://www.nmr.mgh.harvard.edu/~lazar/Articles/Lazar_Meditation_Plasticity_05.pdf

Lazarus, R. S. & Folkman, S. (1984). *Stress, appraisal and coping.* New York: Springer.

Linden, M., Schippan, B. & Baumann, K. (2004). Weisheitstherapie – kognitive Therapie der posttraumatischen Verbitterungsstörung. *Verhaltenstherapie, 14*(4), 284-293. doi:10.1159/000082838

Linehan, M. M. (2007). *Trainingsmanual zur Dialektisch-Behavioralen Therapie der Borderline-Persönlichkeitsstörung* (Nachdruck). München: CIP-Medien.

Lopez, S. J. & Snyder, C. R. (Eds.). (2009). *The Oxford handbook of positive psychology* (2nd ed.). Oxford: Oxford University Press.

Luders, E., Toga, A. W., Lepore, N. & Gaser, C. (2009). The underlying anatomical correlates of long-term meditation: Larger hippocampal and frontal volumes of gray matter. *Neuroimage, 45*(3), 672-678. Retrieved April 14, 2014, from http://www.appliedmeditation.org/dome/201/attention/grey_matter.pdf

Lustyk, M. K., Chawla, N., Nolan, R. S. & Marlatt, G. A. (2009). Mindfulness meditation research: Issues of participant screening, safety procedures, and researcher training. *Advances in Mind-Body Medicine, 24*(1), 20-30. Retrieved April 10, 2014, from http://web-prod.spu.edu/depts/spfc/happenings/documents/13_2009_Lustyketal_MM_safety_AMBM.pdf

Lutz, A. & Thompson, E. (2003). Neurophenomenology: Integrating subjective experience and brain dynamics in the neuroscience of consciousness. *Journal of Consciousness Studies, 10*(9-10), 31–52. Retrieved April 21, 2014, from http://brainimaging.waisman.wisc.edu/~lutz/JCS-Lutz_Thompson.pdf

Ma, S. H. & Teasdale, J. D. (2004). Mindfulness-based cognitive therapy for depression: Replication and exploration of differential relapse prevention effects. *Journal of Consulting and Clinical Psychology, 72*(1), 31-40. doi:10.1037/0022-006X.72.1.31

Maharishi Mahesh Yogi (2001). *Science of being and art of living: Transcendental meditation.* New York: Plume.

Mahasi Sayadaw (2004). *Der Weg zum Nibbana: Drei Abhandlungen über Vipassana-Meditation.* Berlin: Zeh.

Mantione, K. J., Cadet, P., Zhu, W., Kream, R. M., Sheehan, M., Fricchione, G. L., ... Stefano, G. B. (2008). Endogenous morphine signaling via nitric oxide regulates the expression of CYP2D6 and COMT: Autocrine/paracrine feedback inhibition. *Addiction Biology, 13*(1), 118-123. doi:10.1111/j.1369-1600.2007.00072

Margraf, J. & Ehlers, A. (2007). *BAI: Beck Angst-Inventar. Manual.* Frankfurt am Main: Harcourt Test Services.

Michalak, J., Heidenreich, T. & Bohus, M. (2006). Achtsamkeit und Akzeptanz in der Psychotherapie. Gegenwärtiger Forschungsstand und Forschungsentwicklung. *Zeitschrift für Psychiatrie, Psychologie und Psychotherapie, 54*(4), 241-253. doi:10.1024/1661-4747.54.4.241

Miller, T. Q., Smith, T. W., Turner, C. W., Guijarro, M. L.& Hallet, A. J. (1996). Meta-analytic review of research on hostility and physical health. *Psychological Bulletin, 119*(2), 322-348. doi:10.1037/0033-2909.119.2.322

Mommaerts, J. L. & Devroey, D. (2012). The placebo effect: How the subconscious fits in. *Perspectives in Biology and Medicine, 55*(1), 43-58. doi:10.1353/pbm.2012.0005

Moosbrugger, H. & Kelava, A. (2012). *Testtheorie und Fragebogenkonstruktion* (2., akt. u. überarb. Aufl.). Berlin: Springer.

Morfeld, M., Kirchberger, I. & Bullinger, M. (2011). *SF-36 Fragebogen zum Gesundheitszustand: Deutsche Version des Short Form-36 Health Survey* (2., ergänzte u. überarb. Aufl). Göttingen: Hogrefe.

Moseley, J. B., O'Malley, K., Petersen, N. J., Menke, T. J., Brody, B. A., Kuykendall, D. H., ... Wray, N. P. (2002). A controlled trial of arthroscopic surgery for osteoarthritis of the knee. *New England Journal of Medicine, 347*(2), 81-88. doi:10.1056/NEJMoa013259

Müller, H. (Hrsg.). (2000). *Stressmanagement und Videotraining in Familiengruppen: Evaluation von Schulungsmaßnahmen zur Mitarbeiterqualifizierung in der Heimerziehung.* Frankfurt am Main: P. Lang.

Müller, H. (2013). *Der erfolgreiche Umgang mit täglichen Belastungen: Das IFT-Programm zur Stressbewältigung. Kursleitermanual* (6., vollst. überarb. u. erw. Aufl.). München: IFT-Gesundheitsförderung.

Müller, H. & Kröger, C. B. (2013). *Der erfolgreiche Umgang mit täglichen Belastungen: Programm zur Stressbewältigung. Handbuch für Kursteilnehmer* (6., vollst. überarb. u. erw. Aufl.). München: IFT-Gesundheitsförderung.

National Center for Biotechnology Information *(n.d.).* Retrieved April 1, 2014, from http://www.ncbi.nlm.nih.gov/pubmed/?term=meditation

Niazi, A. K. & Niazi, S. K. (2011). Mindfulness-based stress reduction: A non-pharmacological approach for chronic illnesses. *North American Journal of Medical Sciences, 3*(1), 20-23. doi:10.4297/najms.2011.320

Öst, L. G. (2008). Efficacy of the third wave of behavioral therapies: A systematic review and meta-analysis. *Behaviour Research and Therapy, 46*(3), 296-321. doi:10.1016/j.brat.2007.12.005

Ott, M. J., Norris, R. L. & Bauer-Wu, S. M. (2006). Mindfulness meditation for oncology patients: A discussion and critical review. *Integrative Cancer Therapies, 5*(2), 98-108. doi:10.1177/1534735406288083

Ott, U. (2010). *Meditation für Skeptiker: Ein Neurowissenschaftler erklärt den Weg zum Selbst.* München: O.W. Barth.

Ott, U. (2012, 17. November). *Chancen und Nebenwirkungen von Meditation – Einführung: Mit welchen Risiken ist Meditation verbunden und wie können diese minimiert werden?* [Audio-Download]. Zugriff am 01.03.2014 unter http://www.meditation-wissenschaft.org/images/stories/dokumentation2012/audio/ott.mp3

Pavot, W. & Diener, E. (2008). The satisfaction with life scale and the emerging construct of life satisfaction. *The Journal of Positive Psychology, 3*(2), 137-152. doi:10.1080/17439760701756946

Peterson, C. & Seligman, M. E. P. (1987). Explanatory style and illness. *Journal of Personality, 55*(2), 237-265. doi:10.1111/j.1467-6494.1987.tb00436.x

Peterson, C., Seligman, M. E. P. & Vaillant, G. E. (1988). Pessimistic explanatory style is a risk factor for physical illness: A thirty-five-year longitudinal study. *Journal of Personality and Social Psychology, 55*(1), 23-27. doi:10.1037/0022-3514.55.1.23

Philippi, V. (2008). *Zu Gast in der Evangelischen Akademie Meißen* [PDF-Dokument]. Zugriff am 01.04.2014 unter http://www.theomedizin.de/vortrag-meissen.pdf

Philippi, V. (2011). *Wer heilt hat Recht oder Die Einführung in die Bioenergetische Meditation.* Marktoberdorf: Argo.

Philippi, V. (2012). *Gesund werden mit System. Die Bioinformationstherapie.* Sohland/Spree: Philippi.

Piet, J. & Hougaard, E. (2011). The effect of mindfulness-based cognitive therapy for prevention of relapse in recurrent major depressive disorder: A systematic review and meta-analysis. *Clinical Psychology Review, 31*(6), 1032-1040. doi:10.1016/j.cpr.2011.05.002

Powers, M. B., Zum Vörde Sive Vörding, M. B. & Emmelkamp, P. M. G. (2009). Acceptance and commitment therapy: A meta-analytic review. *Psychotherapy and Psychosomatics, 78*(2), 73-80. doi:10.1159/000190790

Radin, D., Hayssen, G., Emoto, M. & Kizu, T. (2006). Double-blind test of the effects of distant intention on water crystal formation. *Explore: The Journal of Science and Healing, 2*(5), 408-411. http://dx.doi.org/10.1016/j.explore.2006.06.004

Radin, D., Lund, N., Emoto, M. & Kizu, T. (2008). Effects of Distant Intention on Water Crystal Formation: A Triple-Blind Replication. *Journal of Scientific Exploration, 22*(4), 481-493. Retrieved May 25, 2014, from http://unconvassociation.org/sites/unconventional/files/publications/jse_22_4_radin.pdf

Ramírez, E., Ortega, A. R., Chamorro, A. & Colmenero, J. M. (2014). A program of positive intervention in the elderly: Memories, gratitude and forgiveness. *Aging & Mental Health, 18*(4), 463-470. doi:10.1080/13607863.2013.856858

Rasch, B., Friese, M., Hofmann, W. J. & Naumann, E. (2010). *Quantitative Methoden: Einführung in die Statistik für Psychologen und Sozialwissenschaftler* (Band 2, 3. Aufl.). Berlin: Springer.

Rasmussen, H. N., Scheier, M. F. & Greenhouse, J. B. (2009). Optimism and physical health: A meta-analytic review. *Annals of Behavioral Medicine, 37*(3), 239-256. doi:10.1007/s12160-009-9111-x.

Robles, T. F., Glaser, R. & Kiecolt-Glaser, J. K. (2005). Out of balance a new look at chronic stress, depression, and immunity. *Current Directions in Psychological Science, 14*(2), 111-115. doi:10.1111/j.0963-7214.2005.00345.x

Roest, A. M., Martens, E. J., de Jonge, P. & Denollet, J. (2010). Anxiety and risk of incident coronary heart disease: A meta-analysis. *Journal of the American College of Cardiology, 56*(1), 38-46. doi:10.1016/j.jacc.2010.03.034

Rogers, C. R. (1957). The necessary and sufficient conditions of therapeutic personality change. *Journal of Consulting Psychology, 21*(2), 95-103. doi:10.1037/h0045357

Rosmann, N. (2009, 23. November). *Erster interdisziplinärer Kongress zur Meditations- und Bewusstseinsforschung vom 26. bis 27. November 2010 in Berlin. Wie Meditation wirkt und welche Rolle sie für eine neue Bewusstseinskultur des 21. Jahrhunderts spielt* [Pressemitteilung]. Zugriff am 14.02.2014 unter http://www.meditation-wissenschaft.org/images/stories/pm_mw_kick-off.pdf

Ruini, C. & Fava, G. A. (2009). Well-being therapy for generalized anxiety disorder. *Journal of Clinical Psychology, 65*(5), 510-519. doi:10.1002/jclp.20592

Ruiz, F. J. (2010). A review of acceptance and commitment therapy (ACT) empirical evidence: Correlational, experimental psychopathology, component and outcome studies. *International Journal of Psychology and Psychological Therapy, 10*(1), 125-162. Retrieved April 30, 2014 from http://www.actmindfully.com.au/upimages/Pre-reading_A_review_of_ACT_evidence_2010.pdf

Ryff, C. D. & Singer, B. (1996). Psychological well-being: Meaning, measurement, and implications for psychotherapy research. *Psychotherapy and Psychosomatics, 65*(1), 14-23. doi:10.1159/000289026

Sapolsky, R. M. (2000). Glucocorticoids and hippocampal atrophy in neuropsychiatric disorders. *Archives of General Psychiatry, 57*(10), 925-935. doi:10.1001/archpsyc.57.10.925

Sass, H., Wittchen, H. U., Zaudig, M. & Houben, I. (2003). *Diagnostisches und Statistisches Manual Psychischer Störungen DSM-IV-TR: Textrevision.* Göttingen: Hogrefe.

Scheier, M. F. & Carver, C. S. (1992). Effects of optimism on psychological and physical well-being: Theoretical overview and empirical update. *Cognitive Therapy and Research, 16*(2), 201-228. doi:10.1007/BF01173489

Schmidt, G. (1997). *Latein für Bibliothekare: Eine Einführung.* Wiesbaden: Harrassowitz.

Schulman, P. (1999). Applying learned optimism to increase sales productivity. *Journal of Personal Selling & Sales Management, 19*(1), 31-37. doi:10.1080/08853134.1999.10754157

Schultz, J. H. (1932). Oberstufe des autogenen Trainings und Raya-Yoga. *Zeitschrift für die gesamte Neurologie und Psychiatrie, 139*(1), 1-34. doi:10.1007/BF02864651

Segal, Z., Williams, M. & Teasdale, J. (2002). *Mindfulness-based cognitive therapy for depression: A new approach to preventing relapse.* New York: Guilford.

Seligman, M. E. P. (1990). *Learned optimism.* New York: Knopf.

Seligman, M. E. P., Rashid, T. & Parks, A. C. (2006). Positive psychotherapy. *American Psychologist, 61*(8), 774-788. doi:10.1037/0003-066X.61.8.774

Seligman, M. E. P., Steen, T. A., Park, N. & Peterson, C. (2005). Positive psychology progress: Empirical validation of interventions. *American Psychologist, 60*(5), 410-421. doi:10.1037/0003-066X.60.5.410

Sonntag, R. F. (2011). Akzeptanz- und Commitment-Therapie. In M. Linden & M. Hautzinger (Hrsg.), *Verhaltenstherapiemanual* (7., vollst. überarb. u. erw. Aufl., S. 363-370). Berlin: Springer. doi:10.1007/978-3-642-16197-1_70

Stefano, G. B., Esch, T., Cadet, P., Zhu, W., Mantione, K. & Benson, H. (2003). Endocannabinoids as autoregulatory signaling molecules: Coupling to nitric oxide and a possible association with the relaxation response. *Medical Science Monitor, 9*(4), RA63-75. Retrieved April 21, 2014, from http://www.researchgate.net/publication/10791444_Endocannabinoids_as_auto regulatory_signaling_molecules_coupling_to_nitric_oxide_and_a_possible_associati on_with_the_relaxation_response/file/72e7e527d135763763.pdf

Sternberg, R. J. (1998). A balance theory of wisdom. *Review of General Psychology, 2*(4), 347-365. doi:10.1037/1089-2680.2.4.347

Teasdale, J. D., Segal, Z. V., Williams, J. M. G., Ridgeway, V. A., Soulsby, J. M. & Lau, M. A. (2000). Prevention of relapse/recurrence in major depression by mindfulness-based cognitive therapy. *Journal of Consulting and Clinical Psychology, 68*(4), 615-623. doi:10.1037/0022-006X.68.4.615

Techniker Krankenkasse (Hrsg). (2013). *Bleib locker, Deutschland! – TK-Studie zur Stresslage der Nation* [PDF-Dokument]. Zugriff am 14.02.2014 unter http://www.tk.de/centaurus/servlet/contentblob/590188/Datei/115474/TK_St udienband_zur_Stressumfrage.pdf

Tschuschke, V., Crameri, A., Koemeda, M., Schulthess, P., von Wyl, A. & Weber, R. (2009). Psychotherapieforschung – Grundlegende Überlegungen und erste Ergebnisse der naturalistischen Psychotherapie-Studie ambulanter Behandlungen in der Schweiz (PAP-S). *Psychotherapie Forum, 17*(4), 160-176. doi:10.1007/s00729-009-0300-7

van Oyen Witvliet, C., Ludwig, T. E. & Vander Laan, K. L. (2001). Granting forgiveness or harboring grudges: Implications for emotion, physiology, and health. *Psychological Science, 12*(2), 117-123. doi:10.1111/1467-9280.00320

Veenhoven, R. (2008). Healthy happiness: Effects of happiness on physical health and the consequences for preventive health care. *Journal of Happiness Studies, 9*(3), 449-469. doi:10.1007/s10902-006-9042-1

Vøllestad, J., Nielsen, M. B. & Nielsen, G. H. (2012). Mindfulness- and acceptance-based interventions for anxiety disorders: A systematic review and meta-analysis. *British Journal of Clinical Psychology, 51*(3), 239-260. doi:10.1111/j.2044-8260.2011.02024.x

Walsh, R. & Shapiro, S. L. (2006). The meeting of meditative disciplines and western psychology: A mutually enriching dialogue. *American Psychologist, 61*(3), 227-239. doi:10.1037/0003-066X.61.3.227

Watkins, P. C., Woodward, K., Stone, T. & Kolts, R. L. (2003). Gratitude and happiness: Development of a measure of gratitude, and relationships with subjective well-being. *Social Behavior and Personality: An International Journal, 31*(5), 431-451. doi:10.2224/sbp.2003.31.5.431

Wechsler, M. E., Kelley, J. M., Boyd, I. O., Dutile, S., Marigowda, G., Kirsch, I., ... Kaptchuk, T. J. (2011). Active albuterol or placebo, sham acupuncture, or no intervention in asthma. *New England Journal of Medicine, 365*(2), 119-126. doi:10.1056/NEJMoa1103319

Wetherell, J. L., Afari, N., Rutledge, T., Sorrell, J. T., Stoddard, J. A., Petkus, A. J., ... Hampton Atkinson, J. (2011). A randomized, controlled trial of acceptance and commitment therapy and cognitive-behavioral therapy for chronic pain. *Pain, 152*(9), 2098-2107. doi:10.1016/j.pain.2011.05.016

Witkiewitz, K. & Bowen, S. (2010). Depression, craving, and substance use following a randomized trial of mindfulness-based relapse prevention. *Journal of Consulting and Clinical Psychology, 78*(3), 362-374. doi:10.1037/a0019172

Wood, A. M., Froh, J. J. & Geraghty, A. W. (2010). Gratitude and well-being: A review and theoretical integration. *Clinical Psychology Review, 30*(7), 890-905. doi:10.1016/j.cpr.2010.03.005

Wood, A. M., Joseph, S., Lloyd, J., & Atkins, S. (2009). Gratitude influences sleep through the mechanism of pre-sleep cognitions. *Journal of Psychosomatic Research, 66*(1), 43-48. doi:10.1016/j.jpsychores.2008.09.002

Wood, A. M., Joseph, S., & Maltby, J. (2008). Gratitude uniquely predicts satisfaction with life: Incremental validity above the domains and facets of the five factor model. *Personality and Individual Differences, 45*(1), 49-54. doi:10.1016/j.paid.2008.02.019

Wood, A. M., Joseph, S., & Maltby, J. (2009). Gratitude predicts psychological well-being above the Big Five facets. *Personality and Individual Differences, 46*(4), 443-447. doi:10.1016/j.paid.2008.11.012

Worthington, E. L. & Scherer, M. (2004). Forgiveness is an emotion-focused coping strategy that can reduce health risks and promote health resilience: Theory, review, and hypotheses. *Psychology and Health, 19*(3), 385-405. doi:10.1080/0887044042000196674

Yerkes, R. M. & Dodson, J. D. (1908). The relation of strength of stimulus to rapidity of habit-formation. *Journal of Comparative Neurology and Psychology*, *18*(5), 459-482. doi:10.1002/cne.920180503

Zitat auf Seite 10:

von Hirschhausen, E. *(o.D.)*. In Meditation & Wissenschaft (Hrsg.), *Interdisziplinärer Kongress zur Meditations- und Bewusstseinsforschung. 26.-27. November in Berlin. Neue Perspektiven für unser Wissen von uns selbst* (S. 3). [PDF-Datei]. Zugriff am 14.02.2014 unter http://www.meditation-wissenschaft.org/images/stories/flyer_mw_12_final.pdf

Anhang

A: Einverständniserklärung

Sehr geehrte/r Teilnehmer/in,

vielen Dank für Ihr Interesse an der Studie zur gesundheitlichen Wirksamkeit der Bioenergetischen Meditation bzw. des Stressmanagement-Programmes.

Informationen zur Studie

Verglichen werden soll die Effektivität eines Stressbewältigungs-Programmes ("Der erfolgreiche Umgang mit täglichen Belastungen") mit einer Meditationsmethode (Bioenergetische Meditation).

Insgesamt sind 9 Sitzungen (1 x pro Woche, max. 90 min) geplant.
Voraussichtlicher Erhebungszeitraum: März bis Dezember 2013
Datenerhebung:
- Erstbefragung vor Beginn des Kurses bzw. der Meditation
- erneute Befragung nach 9 Sitzungen
- Nachbefragung nach Ende der Intervention (3 Monate später)

Es handelt sich um verschiedene Methoden im Bereich der Stressbewältigung:

Stressmanagement-Programm

Das Stressmanagement-Programm „Der erfolgreiche Umgang mit täglichen Belastungen" von der IFT-Gesundheitsförderung bietet die Möglichkeit, neue Strategien zur kurz- und langfristigen Stressbewältigung zu erwerben. Dazu zählen: Entspannungsübungen, Kontrollierte Zuwendung, Positive Selbstinstruktion, Systematisches Problemlösen, Einstellungsänderung, Zeitmanagement, stressausgleichende Aktivitäten.
Das Programm basiert auf neuesten wissenschaftlichen Erkenntnissen der Stressforschung. Der Kurs wird mit bis zu 12 Teilnehmern durchgeführt. So bleibt genügend Zeit, auf jedes Gruppenmitglied individuell einzugehen.

Kosten:
Versicherte der AOK Plus erhalten einen Gutschein für diesen Kurs. Versicherte anderer gesetzlicher Kassen zahlen 75 Euro (diese werden nach Kursteilnahme i. d. R. von der GKV erstattet) + 25 Euro für die Kursunterlagen (Eigenanteil).

Bioenergetische Meditation

Die Bioenergetische Meditation (Biomeditation) nach Viktor Philippi ist eine Methode zur Tiefenentspannung und Aktivierung der Selbstheilungskräfte. Sie stärkt die Gesundheit, indem sie energetische Blockaden auf seelischer, geistiger und körperlicher Ebene löst. Damit wird der bioenergetische Informationsfluss in Gang gesetzt: Immunsystem, Stoffwechsel und Nervensystem werden auf natürlichem Weg aktiviert. Stress bzw. Anspannungen können sich in der tiefen Entspannung leichter lösen. Körper und Psyche werden so in die Lage versetzt, sich selbst zu regenerieren. Die Biomeditation kann unterstützend bei körperlichen und psychischen Beschwerden aller Art eingesetzt werden.

Kosten:
Meditations-Teilnehmer (egal welche GKV) zahlen pro Sitzung 10 Euro (regulärer Preis 40 Euro).

Wichtiger Hinweis

vitabalance macht aus rechtlichen Gründen darauf aufmerksam, dass es sich nicht um eine Heilbehandlung im medizinischen Sinne handelt. Ärztliche Anordnungen werden nicht geändert. Bitte sehen Sie die Biomeditation bzw. das Stressmanagement-Programm als Ihre persönliche Maßnahme zur Gesundheitsstärkung.

Datenschutz

Ihre Daten werden im Rahmen der Bestimmungen des Datenschutzrechts ausschließlich für den vereinbarten Zweck erhoben und ausgewertet. Name und Adresse von Probanden werden grundsätzlich nicht weitergegeben. Die Angabe des Geburtsdatums dient dazu, Eingangs- u. Schlussfragebogen derselben Person zuordnen zu können. In Berichten und Veröffentlichungen der IFT-Gesundheitsförderung bzw. der Hochschule für Gesundheit und Sport (H:G Berlin) sind keine persönlichen Daten enthalten. Die Mitarbeiter der Evaluation unterliegen der Schweigepflicht.

Mit der unterschriebenen Einverständniserklärung und der Angabe Ihrer Kontaktdaten stimmen Sie zu, dass vitabalance Sie innerhalb von 3 Monaten nach Kursende bzw. nach Ende der Meditations-Sitzungen nachbefragen darf.

Einverständniserklärung für Probanden

Nach Aufklärung über den Zweck der Studie sowie über die Methoden (Stressmanagement-Programm bzw. Biomeditation) erkläre ich hiermit mein Einverständnis, als Proband an der Studie teilzunehmen.

Name, Vorname:

Straße, Hausnummer:

PLZ, Wohnort:

Telefon:

E-Mail:

Ort, Datum:

Unterschrift:

Danke für Ihre Mitarbeit und viel Erfolg bei der Stressbewältigung!

B: Eingangsfragebogen

EINGANGSFRAGEBOGEN	SMP / BM / BMK / WK

Vielen Dank für Ihre Mitwirkung an der Studie zum Thema Stressbewältigung!
Bitte füllen Sie den Fragebogen vollständig aus. Antworten Sie möglichst spontan und
kreuzen Sie jeweils das Kästchen an, das am ehesten auf Sie zutrifft.

1. Ihr Geburtsdatum:

☐☐ . ☐☐ . ☐☐☐☐

Tag   Monat   Jahr

2. Ihr Geschlecht: ☐ weiblich ☐ männlich

3. Welchen Schulabschluss haben Sie?

☐ noch in der Schule

☐ keinen Schulabschluss

☐ Volks-, Hauptschule

☐ Mittlere Reife, Realschulabschluss

☐ POS 10. Klasse (vor 1965: 8. Klasse)

☐ (Fach-)Abitur, (Fach-)Hochschulreife, EOS

☐ FH-/Universitätsabschluss

4. In welcher beruflichen Stellung sind Sie derzeit tätig?

☐ zur Zeit arbeitslos

☐ Arbeiter, Angestellter

☐ leitender Angestellter

☐ freiberuflich, selbstständig

☐ Beamter

☐ Schüler, Student, Auszubildender

115

☐ Hausfrau/Hausmann

☐ Rentner

☐ sonstiges:

5. Familienstand/Lebenssituation:

☐ verheiratet

☐ mit Partner lebend

☐ bei den Eltern lebend

☐ allein lebend

☐ verwitwet

6. Wie würden Sie Ihren Gesundheitszustand in den letzten 4 Wochen im Allgemeinen beschreiben?

sehr gut ☐ ☐ ☐ ☐ schlecht

7. Wie häufig hat Sie Ihr Gesundheitszustand bei der Erfüllung alltäglicher Aufgaben (z. B. Haushalt, Beruf oder Ausbildung) in den letzten 4 Wochen behindert?

nie ☐ ☐ ☐ ☐ fast täglich

8. Wie häufig hatten Sie in den vergangenen 4 Wochen Schmerzen (z. B. Kopf-, Rücken-, Brust-, Nacken-, Bauchschmerzen)?

nie ☐ ☐ ☐ ☐ fast täglich

9. Wie stark waren Ihre Schmerzen in den vergangenen 4 Wochen?

keine Schmerzen ☐ ☐ ☐ ☐ starke Schmerzen

10. Wie häufig trafen in den letzten 4 Wochen folgende Situationen, Tätigkeiten oder Befindlichkeiten auf Sie zu?

Ich...

hatte gute Laune   nie ☐ ☐ ☐ ☐ fast täglich

habe mich bewusst entspannt   nie ☐ ☐ ☐ ☐ fast täglich

habe Sport getrieben   nie ☐ ☐ ☐ ☐ fast täglich

habe bewusst Musik gehört	nie	☐	☐	☐	☐ fast täglich
bin in der Natur gewesen	nie	☐	☐	☐	☐ fast täglich
bin meinen Hobbys nachgegangen	nie	☐	☐	☐	☐ fast täglich
habe Freunde getroffen	nie	☐	☐	☐	☐ fast täglich
war allgemein unzufrieden	nie	☐	☐	☐	☐ fast täglich
habe mich wenig bewegt	nie	☐	☐	☐	☐ fast täglich
war abgehetzt	nie	☐	☐	☐	☐ fast täglich
war niedergeschlagen	nie	☐	☐	☐	☐ fast täglich
befand mich unter Zeitdruck	nie	☐	☐	☐	☐ fast täglich
habe mich (über andere) geärgert	nie	☐	☐	☐	☐ fast täglich
war körperlich erschöpft (ohne vorigen Sport)	nie	☐	☐	☐	☐ fast täglich
habe schlecht geschlafen	nie	☐	☐	☐	☐ fast täglich
war voller Schwung	nie	☐	☐	☐	☐ fast täglich
habe Bewegungsmöglichkeiten im Alltag genutzt (Treppen steigen, Wege mit dem Fahrrad oder zu Fuß)	nie	☐	☐	☐	☐ fast täglich
hatte Freude an der Bewegung	nie	☐	☐	☐	☐ fast täglich
war müde	nie	☐	☐	☐	☐ fast täglich
war sehr nervös	nie	☐	☐	☐	☐ fast täglich
war voller Energie	nie	☐	☐	☐	☐ fast täglich
war entmutigt und traurig	nie	☐	☐	☐	☐ fast täglich
habe darauf geachtet, nicht zu viel zu essen	nie	☐	☐	☐	☐ fast täglich
war glücklich	nie	☐	☐	☐	☐ fast täglich
war ruhig und gelassen	nie	☐	☐	☐	☐ fast täglich
war lustlos	nie	☐	☐	☐	☐ fast täglich

117

war dankbar   nie ☐ ☐ ☐ ☐ fast täglich

habe viel gegrübelt   nie ☐ ☐ ☐ ☐ fast täglich

habe mich gesund ernährt   nie ☐ ☐ ☐ ☐ fast täglich

konnte (anderen) verzeihen   nie ☐ ☐ ☐ ☐ fast täglich

war unausgeglichen   nie ☐ ☐ ☐ ☐ fast täglich

habe täglich frisches Obst/Gemüse gegessen   nie ☐ ☐ ☐ ☐ fast täglich

hatte die Gelassenheit, Dinge hinzunehmen,   nie ☐ ☐ ☐ ☐ fast täglich
die ich nicht ändern kann

war (muskulär) verspannt   nie ☐ ☐ ☐ ☐ fast täglich

war besorgt   nie ☐ ☐ ☐ ☐ fast täglich

war gereizt   nie ☐ ☐ ☐ ☐ fast täglich

war innerlich unruhig   nie ☐ ☐ ☐ ☐ fast täglich

11. Wie häufig waren Sie in den letzten vier Wochen mit den folgenden Bereichen Ihres Lebens zufrieden?

Arbeitssituation bzw. Hauptbeschäftigung   nie ☐ ☐ ☐ ☐ fast täglich

Freizeit   nie ☐ ☐ ☐ ☐ fast täglich

Gesundheit   nie ☐ ☐ ☐ ☐ fast täglich

familiäre Situation   nie ☐ ☐ ☐ ☐ fast täglich

Beziehung zu Freunden, Nachbarn, Bekannten   nie ☐ ☐ ☐ ☐ fast täglich

insgesamt mit Ihrem Leben   nie ☐ ☐ ☐ ☐ fast täglich

12. Bitte kreuzen Sie an, wie häufig die folgenden Aussagen in den letzten 4 Wochen auf Sie zutrafen.

In den letzten 4 Wochen...

habe ich die Ursachen von unangenehmem Stress   nie ☐ ☐ ☐ ☐ fast täglich
erkannt

konnte ich Stress-Situationen gut bewältigen   nie ☐ ☐ ☐ ☐ fast täglich

habe ich versucht, gegen die Ursachen von Stress   nie ☐ ☐ ☐ ☐ fast täglich
etwas zu tun

hatte ich gute Methoden, um mich zu entspannen   nie ☐ ☐ ☐ ☐ fast täglich

13. Wie viele Tage waren Sie in den vergangenen 6 Monaten insgesamt so krank, dass Sie Ihrer üblichen Tätigkeit nicht nachgehen konnten?

ungefähr _____ Tage aufgrund von:

☐ psychischer und/oder körperlicher Erkrankung

☐ Regeneration nach einer Operation

☐ Unfall

☐ anderes: _____

☐ keinen Tag

14. Bestehen aktuell gesundheitliche (körperliche und/oder psychisch-emotionale) Probleme?

☐ ja   ☐ nein

Wenn ja, welche (Stichpunkte)?

15. Nehmen Sie gegenwärtig Medikamente?

☐ ja ☐ nein

Wenn ja, welche?:

```



```

16. Waren Sie schon einmal in psychotherapeutischer Behandlung?

☐ ja ☐ nein

Wenn ja: Wann (Jahr) und weshalb (Stichpunkte)?

```



```

17. Haben Sie bereits Erfahrungen mit Entspannungstechniken?

☐ ja ☐ nein

Wenn ja, bitte angeben:

☐ Autogenes Training (AT)

☐ Progressive Muskelentspannung (PMR)

☐ Meditation

☐ Yoga

☐ andere Verfahren:

18. Haben Sie in den letzten 12 Monaten an Gesundheits-Kursen teilgenommen, deren Kosten von Ihrer Krankenkasse übernommen wurden?

☐ ja ☐ nein

Wenn ja, bitte angeben:

☐ Bewegungskurs

☐ Ernährungs- oder Gewichtsreduktionskurs

☐ Stressbewältigungs- oder Entspannungskurs

☐ Umgang mit Suchtmitteln (z. B. Förderung des Nichtrauchens)

19. Bei welcher Krankenkasse sind Sie versichert?

☐ Gesetzliche Krankenversicherung: _____

☐ Private Krankenversicherung: _____

20. Wie sind Sie auf diese Studie (Stressmanagement-Programm bzw. Biomeditation) aufmerksam geworden?

☐ Empfehlung vom Arzt

☐ Empfehlung von Freunden/Bekannten/Verwandten/Kollegen

☐ Flyer, woher erhalten? _____

☐ Plakat, wo gelesen? _____

☐ Internet

☐ Zeitungsannonce, Zeitungsartikel

☐ Information der Krankenkasse

☐ Information durch meine Arbeitsstelle

☐ anderes: _____

Anmerkungen:

Danke für Ihre Unterstützung!

C: Baseline-Daten

Tabelle C-1: *Teststatistik Baseline-Daten (Teil 1)*

Ränge

Intervention		N	Mittlerer Rang
M1 Median Bewegungsverhalten	Stressmanagement-Programm	23	48,91
	Biomeditation	23	48,70
	Biomeditation, keine Massage	22	46,73
	Kontrollgruppe	24	41,88
	Gesamt	92	
M1 Median Ernährungsverhalten	Stressmanagement-Programm	23	51,43
	Biomeditation	23	39,02
	Biomeditation, keine Massage	22	47,20
	Kontrollgruppe	24	48,29
	Gesamt	92	
M1 Median stressbezogenes Verhalten	Stressmanagement-Programm	23	54,54
	Biomeditation	23	44,00
	Biomeditation, keine Massage	22	43,59
	Kontrollgruppe	24	43,85
	Gesamt	92	
M1 Median Freizeitverhalten	Stressmanagement-Programm	23	50,65
	Biomeditation	23	47,13
	Biomeditation, keine Massage	22	46,86
	Kontrollgruppe	24	41,58
	Gesamt	92	

Statistik für Test[a,b]

	M1 Median Bewegungs-Verhalten	M1 Median Ernährungs-verhalten	M1 Median stressbezogenes Verhalten	M1 Median Freizeitverhalten
Chi-Quadrat	1,123	3,173	2,998	1,567
df	3	3	3	3
Asymptotische Signifikanz	,771	,366	,392	,667

Anmerkung. a. Kruskal-Wallis-Test; b. Gruppenvariable: Intervention; M = Messzeitpunkt, N= Anzahl der Probanden, df = Freiheitsgrade; niedrige mittlere Ränge gehen mit besseren Werten einher

Tabelle C-2: *Teststatistik Baseline-Daten (Teil 2)*

Ränge

	Intervention	N	Mittlerer Rang
M1 allg. Gesundheitszustand	Stressmanagement-Programm	23	47,83
	Biomeditation	23	51,72
	Biomeditation, keine Massage	22	47,30
	Kontrollgruppe	24	39,50
	Gesamt	92	
M1 Zufriedenheit mit dem Leben insgesamt	Stressmanagement-Programm	23	43,24
	Biomeditation	23	53,35
	Biomeditation, keine Massage	22	51,82
	Kontrollgruppe	24	38,19
	Gesamt	92	
M1 Median Gesundes Denken	Stressmanagement-Programm	23	44,24
	Biomeditation	23	54,85
	Biomeditation, keine Massage	22	45,02
	Kontrollgruppe	24	42,02
	Gesamt	92	

Statistik für Test[a,b]

	M1 allg. Gesundheitszustand	M1 Zufriedenheit mit dem Leben insgesamt	M1 Median Gesundes Denken
Chi-Quadrat	2,997	6,014	3,780
df	3	3	3
Asymptotische Signifikanz	,392	,111	,286

Anmerkung. a. Kruskal-Wallis-Test; b. Gruppenvariable: Intervention; M = Messzeitpunkt, N= Anzahl der Probanden, df = Freiheitsgrade; niedrige mittlere Ränge gehen mit besseren Werten einher

Tabelle C-3: *Teststatistik Baseline-Daten (Teil 3)*

Ränge

	Intervention	N	Mittlerer Rang
	Stressmanagement-Programm	23	45,43
	Biomeditation	23	50,96
M1 Median Vitalität	Biomeditation, keine Massage	22	54,00
	Kontrollgruppe	24	36,38
	Gesamt	92	
	Stressmanagement-Programm	23	48,20
	Biomeditation	23	52,50
M1 Median Psyche	Biomeditation, keine Massage	22	50,82
	Kontrollgruppe	24	35,17
	Gesamt	92	
	Stressmanagement-Programm	23	47,43
	Biomeditation	23	53,59
M1 Median stressassoziierte Befindlichkeiten	Biomeditation, keine Massage	22	48,93
	Kontrollgruppe	24	36,58
	Gesamt	92	

Statistik für Test^{a,b}

	M1 Median Vitalität	M1 Median Psyche	M1 Median stressassoziierte Befindlichkeiten
Chi-Quadrat	6,456	7,331	5,994
Df	3	3	3
Asymptotische Signifikanz	,091	,062	,112

Anmerkung. a. Kruskal-Wallis-Test; b. Gruppenvariable: Intervention; M = Messzeitpunkt, N= Anzahl der Probanden, df = Freiheitsgrade; niedrige mittlere Ränge gehen mit besseren Werten einher

Tabelle C-4: *Teststatistik Baseline-Daten (Teil 4)*

Ränge

	Intervention	N	Mittlerer Rang
M1 Häufigkeit von Schmerzen	Stressmanagement-Programm	23	42,87
	Biomeditation	23	51,13
	Biomeditation, keine Massage	22	54,77
	Kontrollgruppe	24	37,96
	Gesamt	92	
M1 Stärke von Schmerzen	Stressmanagement-Programm	23	46,52
	Biomeditation	23	52,72
	Biomeditation, keine Massage	22	50,86
	Kontrollgruppe	24	36,52
	Gesamt	92	

Statistik für Test[a,b]

	M1 Häufigkeit von Schmerzen	M1 Stärke von Schmerzen
Chi-Quadrat	6,401	6,304
df	3	3
Asymptotische Signifikanz	,094	,098

Anmerkung. a. Kruskal-Wallis-Test; b. Gruppenvariable: Intervention; M = Messzeitpunkt, N= Anzahl der Probanden, df = Freiheitsgrade; niedrige mittlere Ränge gehen mit besseren Werten einher

D: Statistische Analysen

Tabelle D-1: *Kruskal-Wallis-Test M2 (Teil 1)*

Ränge			
	Intervention	N	Mittlerer Rang
M2 allg. Gesundheitszustand	Stressmanagement-Programm	22	46,27
	Biomeditation	23	38,74
	Biomeditation, keine Massage	22	36,95
	Kontrollgruppe	23	59,70
	Gesamt	90	
M2 Zufriedenheit mit dem Leben insgesamt	Stressmanagement-Programm	22	46,95
	Biomeditation	23	34,65
	Biomeditation, keine Massage	22	41,16
	Kontrollgruppe	23	59,11
	Gesamt	90	

Statistik für Test[a,b]

	M2 allg. Gesundheitszustand	M2 Zufriedenheit mit dem Leben insgesamt
Chi-Quadrat	13,348	13,345
df	3	3
Asymptotische Signifikanz	,004	,004

Anmerkung. a. Kruskal-Wallis-Test; b. Gruppenvariable: Intervention; M = Messzeitpunkt, N= Anzahl der Probanden, df = Freiheitsgrade; niedrige mittlere Ränge gehen mit besseren Werten einher

Tabelle D-2: *Kruskal-Wallis-Test M2 (Teil 2)*

Ränge

	Intervention	N	Mittlerer Rang
M2 Median Vitalität	Stressmanagement-Programm	22	46,34
	Biomeditation	23	34,30
	Biomeditation, keine Massage	22	42,18
	Kontrollgruppe	23	59,07
	Gesamt	90	
M2 Median Psyche	Stressmanagement-Programm	22	49,02
	Biomeditation	23	37,30
	Biomeditation, keine Massage	22	43,59
	Kontrollgruppe	23	52,15
	Gesamt	90	
M2 Median stressassoziierte Befindlichkeiten	Stressmanagement-Programm	22	47,66
	Biomeditation	23	38,20
	Biomeditation, keine Massage	22	37,05
	Kontrollgruppe	23	58,83
	Gesamt	90	

Statistik für Test[a,b]

	M2 Median Vitalität	M2 Median Psyche	M2 Median stressassoziierte Befindlichkeiten
Chi-Quadrat	11,675	4,971	11,828
df	3	3	3
Asymptotische Signifikanz	,009	,174	,008

Anmerkung. a. Kruskal-Wallis-Test; b. Gruppenvariable: Intervention; M = Messzeitpunkt, N= Anzahl der Probanden, df = Freiheitsgrade; niedrige mittlere Ränge gehen mit besseren Werten einher

Tabelle D-3: *Kruskal-Wallis-Test M2 (Teil 3)*

Ränge

	Intervention	N	Mittlerer Rang
M2 Median stressbezogenes Verhalten	Stressmanagement-Programm	22	45,64
	Biomeditation	23	29,02
	Biomeditation, keine Massage	22	36,25
	Kontrollgruppe	23	70,70
	Gesamt	90	
M2 Median Gesundes Denken	Stressmanagement-Programm	22	54,73
	Biomeditation	23	35,57
	Biomeditation, keine Massage	22	29,39
	Kontrollgruppe	23	62,02
	Gesamt	90	

Statistik für Test[a,b]

	M2 Median stressbezogenes Verhalten	M2 Median Gesundes Denken
Chi-Quadrat	36,260	26,467
df	3	3
Asymptotische Signifikanz	,000	,000

Anmerkung. a. Kruskal-Wallis-Test; b. Gruppenvariable: Intervention; M = Messzeitpunkt, N= Anzahl der Probanden, df = Freiheitsgrade; niedrige mittlere Ränge gehen mit besseren Werten einher

Tabelle D-4: *Kruskal-Wallis-Test M3 (Teil 1)*

Ränge

	Intervention	N	Mittlerer Rang
M3 allg. Gesundheitszustand	Stressmanagement-Programm	22	47,43
	Biomeditation	23	39,02
	Biomeditation, keine Massage	22	37,95
	Kontrollgruppe	22	55,86
	Gesamt	89	
M3 Zufriedenheit mit dem Leben insgesamt	Stressmanagement-Programm	22	47,75
	Biomeditation	23	34,72
	Biomeditation, keine Massage	22	41,89
	Kontrollgruppe	22	56,11
	Gesamt	89	

Statistik für Test[a,b]

	M3 allg. Gesundheitszustand	M3 Zufriedenheit mit dem Leben insgesamt
Chi-Quadrat	8,222	9,667
df	3	3
Asymptotische Signifikanz	,042	,022

Anmerkung. a. Kruskal-Wallis-Test; b. Gruppenvariable: Intervention; M = Messzeitpunkt, N= Anzahl der Probanden, df = Freiheitsgrade; niedrige mittlere Ränge gehen mit besseren Werten einher

Tabelle D-5: *Kruskal-Wallis-Test M3 (Teil 2)*

Ränge

	Intervention	N	Mittlerer Rang
M3 Median Vitalität	Stressmanagement-Programm	22	47,93
	Biomeditation	23	34,87
	Biomeditation, keine Massage	22	42,02
	Kontrollgruppe	22	55,64
	Gesamt	89	
M3 Median Psyche	Stressmanagement-Programm	22	46,68
	Biomeditation	23	36,76
	Biomeditation, keine Massage	22	42,23
	Kontrollgruppe	22	54,70
	Gesamt	89	
M3 Median stressassoziierte Befindlichkeiten	Stressmanagement-Programm	22	50,45
	Biomeditation	23	35,93
	Biomeditation, keine Massage	22	40,23
	Kontrollgruppe	22	53,80
	Gesamt	89	

Statistik für Test[a,b]

	M3 Median Vitalität	M3 Median Psyche	M3 Median stressassoziierte Befindlichkeiten
Chi-Quadrat	8,672	6,730	8,508
df	3	3	3
Asymptotische Signifikanz	,034	,081	,037

Anmerkung. a. Kruskal-Wallis-Test; b. Gruppenvariable: Intervention; M = Messzeitpunkt, N= Anzahl der Probanden, df = Freiheitsgrade; niedrige mittlere Ränge gehen mit besseren Werten einher

Tabelle D-6: *Kruskal-Wallis-Test M3 (Teil 3)*

Ränge

	Intervention	N	Mittlerer Rang
M3 Median stressbezogenes Verhalten	Stressmanagement-Programm	22	46,70
	Biomeditation	23	29,33
	Biomeditation, keine Massage	22	38,75
	Kontrollgruppe	22	65,93
	Gesamt	89	
M3 Median Gesundes Denken	Stressmanagement-Programm	22	55,80
	Biomeditation	23	29,57
	Biomeditation, keine Massage	22	34,00
	Kontrollgruppe	22	61,34
	Gesamt	89	

Statistik für Test[a,b]

	M3 Median stressbezogenes Verhalten	M3 Median Gesundes Denken
Chi-Quadrat	26,568	27,706
df	3	3
Asymptotische Signifikanz	,000	,000

Anmerkung. a. Kruskal-Wallis-Test; b. Gruppenvariable: Intervention; M = Messzeitpunkt, N= Anzahl der Probanden, df = Freiheitsgrade; niedrige mittlere Ränge gehen mit besseren Werten einher

Tabelle D-7: *Friedman-Test AV (Teil 1)*

Ränge

Intervention		Mittlerer Rang
Stressmanagement-Programm	M1 allg. Gesundheitszustand	2,43
	M2 allg. Gesundheitszustand	1,61
	M3 allg. Gesundheitszustand	1,95
Biomeditation	M1 allg. Gesundheitszustand	2,72
	M2 allg. Gesundheitszustand	1,50
	M3 allg. Gesundheitszustand	1,78
Biomeditation, keine Massage	M1 allg. Gesundheitszustand	2,57
	M2 allg. Gesundheitszustand	1,57
	M3 allg. Gesundheitszustand	1,86
Kontrollgruppe	M1 allg. Gesundheitszustand	1,82
	M2 allg. Gesundheitszustand	2,02
	M3 allg. Gesundheitszustand	2,16

Statistik für Test[a]

Stressmanagement-Programm	N	22
	Chi-Quadrat	13,080
	df	2
	Asymptotische Signifikanz	,001
Biomeditation	N	23
	Chi-Quadrat	27,270
	df	2
	Asymptotische Signifikanz	,000
Biomeditation, keine Massage	N	22
	Chi-Quadrat	19,283
	df	2
	Asymptotische Signifikanz	,000
Kontrollgruppe	N	22
	Chi-Quadrat	2,714
	df	2
	Asymptotische Signifikanz	,257

Anmerkung. a. Friedman-Test; M = Messzeitpunkt, N=Anzahl der Probanden, df = Freiheitsgrade; niedrige mittlere Ränge gehen mit besseren Werten einher

Tabelle D-8: *Friedman-Test AV (Teil 2)*

Ränge

Intervention		Mittlerer Rang
Stressmanagement-Programm	M1 Zufriedenheit mit dem Leben insgesamt	2,43
	M2 Zufriedenheit mit dem Leben insgesamt	1,61
	M3 Zufriedenheit mit dem Leben insgesamt	1,95
Biomeditation	M1 Zufriedenheit mit dem Leben insgesamt	2,85
	M2 Zufriedenheit mit dem Leben insgesamt	1,46
	M3 Zufriedenheit mit dem Leben insgesamt	1,70
Biomeditation, keine Massage	M1 Zufriedenheit mit dem Leben insgesamt	2,59
	M2 Zufriedenheit mit dem Leben insgesamt	1,61
	M3 Zufriedenheit mit dem Leben insgesamt	1,80
Kontrollgruppe	M1 Zufriedenheit mit dem Leben insgesamt	2,02
	M2 Zufriedenheit mit dem Leben insgesamt	1,91
	M3 Zufriedenheit mit dem Leben insgesamt	2,07

Statistik für Test[a]

Stressmanagement-Programm	N	22
	Chi-Quadrat	16,769
	df	2
	Asymptotische Signifikanz	,000
Biomeditation	N	23
	Chi-Quadrat	35,485
	df	2
	Asymptotische Signifikanz	,000
Biomeditation, keine Massage	N	22
	Chi-Quadrat	21,347
	df	2
	Asymptotische Signifikanz	,000
Kontrollgruppe	N	22
	Chi-Quadrat	1,182
	df	2
	Asymptotische Signifikanz	,554

Anmerkung. a. Friedman-Test; M = Messzeitpunkt, N=Anzahl der Probanden, df = Freiheitsgrade; niedrige mittlere Ränge gehen mit besseren Werten einher

Tabelle D-9: *Friedman-Test AV (Teil 3)*

Ränge

Intervention		Mittlerer Rang
Stressmanagement-Programm	M1MEDSAI	2,52
	M2MEDSAI	1,59
	M3MEDSAI	1,89
Biomeditation	M1MEDSAI	2,76
	M2MEDSAI	1,59
	M3MEDSAI	1,65
Biomeditation, keine Massage	M1MEDSAI	2,75
	M2MEDSAI	1,52
	M3MEDSAI	1,73
Kontrollgruppe	M1MEDSAI	1,84
	M2MEDSAI	2,18
	M3MEDSAI	1,98

Statistik für Test[a]

Stressmanagement-Programm	N	22
	Chi-Quadrat	20,419
	df	2
	Asymptotische Signifikanz	,000
Biomeditation	N	23
	Chi-Quadrat	31,759
	df	2
	Asymptotische Signifikanz	,000
Biomeditation, keine Massage	N	22
	Chi-Quadrat	27,900
	df	2
	Asymptotische Signifikanz	,000
Kontrollgruppe	N	22
	Chi-Quadrat	5,700
	df	2
	Asymptotische Signifikanz	,058

Anmerkung. a. Friedman-Test; M = Messzeitpunkt, N=Anzahl der Probanden, MED = Median,

SAI = stressassoziierte Items, df = Freiheitsgrade; niedrige mittlere Ränge gehen mit besseren Werten einher

Tabelle D-10: *Friedman-Test AV (Teil 4)*

Ränge

Intervention		Mittlerer Rang
	M1MEDVital	2,43
Stressmanagement-Programm	M2MEDVital	1,66
	M3MEDVital	1,91
	M1MEDVital	2,83
Biomeditation	M2MEDVital	1,43
	M3MEDVital	1,74
	M1MEDVital	2,73
Biomeditation, keine Massage	M2MEDVital	1,52
	M3MEDVital	1,75
	M1MEDVital	1,64
Kontrollgruppe	M2MEDVital	2,14
	M3MEDVital	2,23

Statistik für Test[a]

	N	22
Stressmanagement-Programm	Chi-Quadrat	12,040
	df	2
	Asymptotische Signifikanz	,002
	N	23
Biomeditation	Chi-Quadrat	31,014
	df	2
	Asymptotische Signifikanz	,000
	N	22
Biomeditation, keine Massage	Chi-Quadrat	24,781
	df	2
	Asymptotische Signifikanz	,000
	N	22
Kontrollgruppe	Chi-Quadrat	6,323
	df	2
	Asymptotische Signifikanz	,042

Anmerkung. a. Friedman-Test; M = Messzeitpunkt, N=Anzahl der Probanden, MED = Median, Vital = Vitalität, df = Freiheitsgrade; niedrige mittlere Ränge gehen mit besseren Werten einher

Tabelle D-11: *Friedman-Test AV (Teil 5)*

Ränge		
Intervention		Mittlerer Rang
	M1MEDPsy	2,45
Stressmanagement-Programm	M2MEDPsy	1,70
	M3MEDPsy	1,84
	M1MEDPsy	2,80
Biomeditation	M2MEDPsy	1,50
	M3MEDPsy	1,70
	M1MEDPsy	2,57
Biomeditation, keine Massage	M2MEDPsy	1,66
	M3MEDPsy	1,77
	M1MEDPsy	1,93
Kontrollgruppe	M2MEDPsy	1,93
	M3MEDPsy	2,14

Statistik für Test[a]

	N	22
Stressmanagement-Programm	Chi-Quadrat	17,167
	df	2
	Asymptotische Signifikanz	,000
	N	23
Biomeditation	Chi-Quadrat	31,254
	df	2
	Asymptotische Signifikanz	,000
	N	22
Biomeditation, keine Massage	Chi-Quadrat	22,093
	df	2
	Asymptotische Signifikanz	,000
	N	22
Kontrollgruppe	Chi-Quadrat	2,250
	df	2
	Asymptotische Signifikanz	,325

Anmerkung. a. Friedman-Test; M = Messzeitpunkt, N=Anzahl der Probanden, MED = Median, Psy = Psyche, df = Freiheitsgrade; niedrige mittlere Ränge gehen mit besseren Werten einher

Tabelle D-12: *Friedman-Test AV (Teil 6)*

Ränge		
Intervention		Mittlerer Rang
	Median stressbezogenes Verhalten M1	2,80
Stressmanagement-Programm	Median stressbezogenes Verhalten M2	1,52
	Median stressbezogenes Verhalten M3	1,68
	Median stressbezogenes Verhalten M1	2,83
Biomeditation	Median stressbezogenes Verhalten M2	1,50
	Median stressbezogenes Verhalten M3	1,67
	Median stressbezogenes Verhalten M1	2,61
Biomeditation, keine Massage	Median stressbezogenes Verhalten M2	1,59
	Median stressbezogenes Verhalten M3	1,80
	Median stressbezogenes Verhalten M1	2,05
Kontrollgruppe	Median stressbezogenes Verhalten M2	2,00
	Median stressbezogenes Verhalten M3	1,95

Statistik für Test[a]		
	N	22
Stressmanagement-Programm	Chi-Quadrat	31,033
	df	2
	Asymptotische Signifikanz	,000
	N	23
Biomeditation	Chi-Quadrat	31,855
	df	2
	Asymptotische Signifikanz	,000
	N	22
Biomeditation, keine Massage	Chi-Quadrat	18,900
	df	2
	Asymptotische Signifikanz	,000
	N	22
Kontrollgruppe	Chi-Quadrat	,145
	df	2
	Asymptotische Signifikanz	,930

Anmerkung. a. Friedman-Test; M = Messzeitpunkt, N=Anzahl der Probanden, df = Freiheitsgrade; niedrige mittlere Ränge gehen mit besseren Werten einher

Tabelle D-13: *Friedman-Test AV (Teil 7)*

Ränge

Intervention		Mittlerer Rang
Stressmanagement-Programm	M1MEDDVA	2,05
	M2MEDDVA	1,86
	M3MEDDVA	2,09
Biomeditation	M1MEDDVA	2,76
	M2MEDDVA	1,74
	M3MEDDVA	1,50
Biomeditation, keine Massage	M1MEDDVA	2,64
	M2MEDDVA	1,57
	M3MEDDVA	1,80
Kontrollgruppe	M1MEDDVA	1,77
	M2MEDDVA	2,11
	M3MEDDVA	2,11

Statistik für Test[a]

Stressmanagement-Programm	N	22
	Chi-Quadrat	1,647
	df	2
	Asymptotische Signifikanz	,439
Biomeditation	N	23
	Chi-Quadrat	30,613
	df	2
	Asymptotische Signifikanz	,000
Biomeditation, keine Massage	N	22
	Chi-Quadrat	21,138
	df	2
	Asymptotische Signifikanz	,000
Kontrollgruppe	N	22
	Chi-Quadrat	5,000
	df	2
	Asymptotische Signifikanz	,082

Anmerkung. a. Friedman-Test; M = Messzeitpunkt, N=Anzahl der Probanden, MED = Median,
DVA = Dankbarkeit, Vergebung, Annahme, df = Freiheitsgrade;
niedrige mittlere Ränge gehen mit besseren Werten einher

Tabelle D-14: *Spearman-Korrelation M1*

M1	war dankbar	konnte (anderen) verzeihen	hatte die Gelassen-heit, Dinge hinzu-nehmen, die ich nicht ändern kann	allg. Gesundheits-zustand	allg. Lebenszu-friedenheit
war dankbar		.423**	.386**	.286**	.400**
konnte (anderen) verzeihen	.423**		.579**	.255**	.368**
hatte die Gelassenheit, Dinge hinzunehmen, die ich nicht ändern kann	.386**	.579**		.325**	.479**
allg. Gesundheitszustand	.286**	.255**	.325**		.596**
allg. Lebenszufriedenheit	.400**	.368**	.479**	.596**	

Anmerkung. N = 92; MED = Median; M = Messzeitpunkt; Korrelationskoeffizient: Spearman-Rho;

**Die Korrelation ist auf dem 0,01 Niveau signifikant (einseitig).

Tabelle D-15: *Spearman-Korrelation M2*

M2	war dankbar	konnte (anderen) verzeihen	hatte die Gelassen-heit, Dinge hinzu-nehmen, die ich nicht ändern kann	allg. Gesundheits-zustand	allg. Lebenszu-friedenheit
war dankbar		.606**	.625**	.577**	.709**
konnte (anderen) verzeihen	.606**		.622**	.477**	.550**
hatte die Gelassenheit, Dinge hinzunehmen, die ich nicht ändern kann	.625**	.622**		.559**	.626**
allg. Gesundheitszustand	.577**	.477**	.559**		.553**
allg. Lebenszufriedenheit	.709**	.550**	.626**	.553**	

Anmerkung. N = 90; MED = Median; M = Messzeitpunkt; Korrelationskoeffizient: Spearman-Rho;

**Die Korrelation ist auf dem 0,01 Niveau signifikant (einseitig).

Tabelle D-16: *Spearman-Korrelation M3*

M3	war dankbar	konnte (anderen) verzeihen	hatte die Gelassen-heit, Dinge hinzu-nehmen, die ich nicht ändern kann	allg. Gesundheits-zustand	allg. Lebenszu-friedenheit
war dankbar		.557**	.613**	.392**	.605**
konnte (anderen) verzeihen	.557**		.528**	.479**	.456**
hatte die Gelassenheit, Dinge hinzunehmen, die ich nicht ändern kann	.613**	.528**		.542**	.576**
allg. Gesundheitszustand	.392**	.479**	.542**		.563**
allg. Lebenszufriedenheit	.605**	.456**	.576**	.563**	

Anmerkung. N = 89; MED = Median; M = Messzeitpunkt; Korrelationskoeffizient: Spearman-Rho;
**Die Korrelation ist auf dem 0,01 Niveau signifikant (einseitig).

Tabelle D-17: *Evaluation der Kurse*

	SMP (n=22)	BM (n=23)	BMK (n=22)
Der Kurs entsprach meinen Erwartungen, n (%)			
trifft zu	12 (54,5)	21 (91,3)	19 (86,4)
trifft eher zu	10 (45,5)	2 (8,7)	3 (13,6)
Ich bin zufrieden mit dem, was ich im Kurs erreicht habe, n (%)			
trifft zu	14 (63,6)	20 (87,0)	17 (77,3)
trifft eher zu	7 (31,8)	3 (13,0)	4 (18,2)
trifft eher nicht zu	1 (4,5)		1 (4,5)
Ich konnte meine persönlichen Kursziele erreichen, n (%)			
trifft zu	11 (50,0)	18 (78,3)	11 (50,0)
trifft eher zu	10 (45,5)	5 (21,7)	8 (36,4)
trifft eher nicht zu	1 (4,5)		2 (9,1)
trifft nicht zu			1 (4,5)
Ich habe ausreichend Informationen erhalten, n (%)			
trifft zu	18 (81,8)	21 (91,3)	21 (95,5)
trifft eher zu	4 (18,2)		1 (4,5)

	SMP (n=22)	BM (n=23)	BMK (n=22)
Ich habe einen Zugewinn an praktischen Fähigkeiten erlangt, n (%)			
trifft zu	13 (59,1)	17 (73,9)	13 (59,1)
trifft eher zu	9 (40,9)	5 (21,7)	6 (27,3)
trifft eher nicht zu		1 (4,3)	3 (13,6)
Ich habe Anregungen für Verhaltensänderungen bekommen, n (%)			
trifft zu	20 (90,9)	20 (87,0)	21 (95,5)
trifft eher zu	2 (9,1)	3 (13,0)	1 (4,5)
Ich konnte das Gelernte in die Praxis umsetzen, n (%)			
trifft zu	6 (27,3)	12 (50,0)	11 (50,0)
trifft eher zu	16 (72,7)	11 (47,8)	9 (40,9)
trifft eher nicht zu			2 (9,1)
Ich habe konkrete Pläne, wie ich die Kursinhalte zukünftig in meinem Alltag umsetzen kann, n (%)			
trifft zu	10 (45,5)	15 (62,2)	13 (59,1)
trifft eher zu	11 (50,0)	8 (34,8)	5 (22,7)
trifft eher nicht zu	1 (4,5)		4 (18,2)
Ich war zufrieden mit der Kursleitung			
trifft zu	22 (100,0)	22 (95,7)	22 (100,0)
trifft eher zu		1 (4,3)	
Ich war zufrieden mit der (Arbeits-)Atmosphäre im Kurs			
trifft zu	21 (95,5)	23 (100,0)	20 (90,9)
trifft eher zu	1 (4,5)		2 (9,1)

Anmerkung. SMP = Stressmanagement-Programm; BM = Biomeditation; BMK = Biomeditation, keine Massage; n = Anzahl der Probanden

E: Explorative Analysen

Tabelle E-1: *Spearman-Korrelation (explorativ)*

		MED stressassoziierte Befindlichkeiten	MED Psyche	MED Vitalität
M1 (N=92)	MED Gesundes Denken	.542**	.471**	283**
M2 (N=90)	MED Gesundes Denken	.692**	574**	580**
M3 (N=89)	MED Gesundes Denken	.679**	636**	521**

Anmerkung. N = Anzahl der Probanden; MED = Median; M = Messzeitpunkt;

Korrelationskoeffizient: Spearman-Rho;

**Die Korrelation ist auf dem 0,01 Niveau signifikant (zweiseitig).

Tabelle E-2: *Friedman-Test (explorativ, Teil 1)*

Ränge		
Intervention		**Mittlerer Rang**
	M1 Häufigkeit von Schmerzen	2,36
Stressmanagement-Programm	M2 Häufigkeit von Schmerzen	1,77
	M3 Häufigkeit von Schmerzen	1,86
	M1 Häufigkeit von Schmerzen	2,63
Biomeditation	M2 Häufigkeit von Schmerzen	1,63
	M3 Häufigkeit von Schmerzen	1,74
	M1 Häufigkeit von Schmerzen	2,70
Biomeditation, keine Massage	M2 Häufigkeit von Schmerzen	1,68
	M3 Häufigkeit von Schmerzen	1,61
	M1 Häufigkeit von Schmerzen	1,84
Kontrollgruppe	M2 Häufigkeit von Schmerzen	2,11
	M3 Häufigkeit von Schmerzen	2,05

Statistik für Test[a]		
	N	22
Stressmanagement-Programm	Chi-Quadrat	8,000
	Df	2
	Asymptotische Signifikanz	,018
	N	23
Biomeditation	Chi-Quadrat	22,750
	Df	2
	Asymptotische Signifikanz	,000
	N	22
Biomeditation, keine Massage	Chi-Quadrat	23,705
	Df	2
	Asymptotische Signifikanz	,000
	N	22
Kontrollgruppe	Chi-Quadrat	2,000
	df	2
	Asymptotische Signifikanz	,368

Anmerkung. a. Friedman-Test; M = Messzeitpunkt, N=Anzahl der Probanden, df = Freiheitsgrade;

niedrige mittlere Ränge gehen mit besseren Werten einher

Tabelle E-3: *Friedman-Test (explorativ, Teil 2)*

Ränge

Intervention		Mittlerer Rang
Stressmanagement-Programm	M1 Stärke von Schmerzen	2,34
	M2 Stärke von Schmerzen	1,77
	M3 Stärke von Schmerzen	1,89
Biomeditation	M1 Stärke von Schmerzen	2,39
	M2 Stärke von Schmerzen	1,67
	M3 Stärke von Schmerzen	1,93
Biomeditation, keine Massage	M1 Stärke von Schmerzen	2,59
	M2 Stärke von Schmerzen	1,64
	M3 Stärke von Schmerzen	1,77
Kontrollgruppe	M1 Stärke von Schmerzen	1,89
	M2 Stärke von Schmerzen	2,02
	M3 Stärke von Schmerzen	2,09

Statistik für Test[a]

Stressmanagement-Programm	N	22
	Chi-Quadrat	9,722
	df	2
	Asymptotische Signifikanz	,008
Biomeditation	N	23
	Chi-Quadrat	11,625
	df	2
	Asymptotische Signifikanz	,003
Biomeditation, keine Massage	N	22
	Chi-Quadrat	20,640
	df	2
	Asymptotische Signifikanz	,000
Kontrollgruppe	N	22
	Chi-Quadrat	1,167
	df	2
	Asymptotische Signifikanz	,558

Anmerkung. a. Friedman-Test; M = Messzeitpunkt, N=Anzahl der Probanden, df = Freiheitsgrade; niedrige mittlere Ränge gehen mit besseren Werten einher

Tabelle E-4: *Friedman-Test (explorativ, Teil 3)*

Ränge

Intervention		Mittlerer Rang
	M1MEDFZV	2,70
Stressmanagement-Programm	M2MEDFZV	1,43
	M3MEDFZV	1,86
	M1MEDFZV	2,83
Biomeditation	M2MEDFZV	1,50
	M3MEDFZV	1,67
	M1MEDFZV	2,57
Biomeditation, keine Massage	M2MEDFZV	1,77
	M3MEDFZV	1,66
	M1MEDFZV	1,98
Kontrollgruppe	M2MEDFZV	2,02
	M3MEDFZV	2,00

Statistik für Test^a

	N	22
Stressmanagement-Programm	Chi-Quadrat	27,033
	df	2
	Asymptotische Signifikanz	,000
	N	23
Biomeditation	Chi-Quadrat	29,307
	df	2
	Asymptotische Signifikanz	,000
	N	22
Biomeditation, keine Massage	Chi-Quadrat	19,792
	df	2
	Asymptotische Signifikanz	,000
	N	22
Kontrollgruppe	Chi-Quadrat	,056
	df	2
	Asymptotische Signifikanz	,973

Anmerkung. a. Friedman-Test; M = Messzeitpunkt, N=Anzahl der Probanden, MED = Median,

FZV = Freizeitverhalten, df = Freiheitsgrade; niedrige mittlere Ränge gehen mit besseren Werten einher

www.ingramcontent.com/pod-product-compliance
Ingram Content Group UK Ltd.
Pitfield, Milton Keynes, MK11 3LW, UK
UKHW041423030225
4424UKWH00017B/109